Norbert Beck, Silke Cäsar & Britta Leonhardt

Training sozialer Fertigkeiten von Kindern im Alter von 8 bis 12 Jahren
TSF (8 – 12)

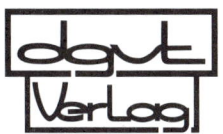

dgvt Verlag
Deutsche Gesellschaft für Verhaltenstherapie
Tübingen
2006
2. Auflage 2007

Korrespondenzadressen:

Dr. phil. Norbert Beck
Diplom-Sozialpädagoge (FH), Diplom-Psychologe
Psychologischer Psychotherapeut, Kinder- und Jugendlichenpsychotherapeut
Überregionales Beratungs- und Behandlungszentrum Würzburg
Wilhelm-Dahl-Str. 19
97082 Würzburg

Silke Cäsar
Diplom-Sozialpädagogin (FH)
Tagesklinik für Kinder- und Jugendpsychiatrie und Psychotherapie
Lindleinstr. 7
97080 Würzburg

Britta Leonhardt
Heilpädagogin
Tagesklinik für Kinder- und Jugendpsychiatrie und Psychotherapie
Lindleinstr. 7
97080 Würzburg

Bibliografische Information Der Deutschen Bibliothek
Die Deutsche Bibliothek verzeichnet diese Publikation in der Deutschen Nationalbibliografie; detaillierte bibliografische Daten sind im Internet über http://dnb.ddb.de abrufbar.

2. Auflage 2007
© 2006 dgvt-Verlag
Im Sudhaus
Hechinger Straße 203
72072 Tübingen

E-Mail: dgvt-Verlag@dgvt.de
Internet: dgvt-Verlag.de

Umschlagbild & Zeichnungen: Christian Nöth, Würzburg
Umschlaggestaltung: Winkler_Design, Wolfgang Winkler, Kusterdingen
Gestaltung & Satz: Die Kavallerie GmbH, Tübingen
Belichtung: KOPP – desktopmedia, Nufringen
Druck: Druckerei Deile GmbH, Tübingen
Bindung: Nädele Verlags- und Industriebuchbinderei, Nehren

ISBN   978-3-87159-906-4

Inhaltsverzeichnis

Einleitung 7

I Theoretische Grundlagen 9

1 Was ist „Soziale Kompetenz"? 11
1.1 Soziale Kompetenz als Konstrukt 11
1.2 Soziale Kompetenz unter einer Entwicklungsperspektive 12
1.3 Soziale Kompetenz: Ein Definitionsversuch 13

2 Wer ist/wird sozial inkompetent? 13

3 Warum ist jemand sozial inkompetent? – Erklärungsmodelle 16

4 Wie kann man soziale Inkompetenz feststellen? – Diagnostik 19

5 Helfen Trainings? – Die Frage der Effektivität 22

II Manual zum „Gruppentraining sozialer Fertigkeiten" 25

1 Rahmenbedingungen 27
1.1 Zielgruppe und Setting 27
1.2 Aufbau des Trainings 27
1.2.1 Stunden mit den Kindern 27
1.2.2 Stunden mit den Eltern 30
1.3 Gruppengröße und Zusammensetzung der Gruppe 30
1.4 Ausstattung und Materialien 31
1.5 Therapeutenvoraussetzungen 32
1.6 Therapeutische Strategien 33

2 Durchführung der Stunden mit den Kindern 36
2.1 Kurzanleitung zur Anwendung des Trainings 36
2.2 Durchführungsanleitungen für die Stunden mit den Kindern 38
       Stunde 1: Kennenlernen und Einführung in das Training 39
       Stunde 2: Kommunikation 67

Stunde 3:	Gefühle	83
Stunde 4:	Selbst- und Fremdwahrnehmung	101
Stunde 5:	Beziehungsaufbau und Beziehungsgestaltung	117
Stunde 6:	Wünsche und Bedürfnisse äußern	135
Stunde 7:	Beziehungen und Freundschaften pflegen	161
Stunde 8:	Konfliktmanagement 1: Perspektivenwechsel	179
Stunde 9:	Konfliktmanagement 2: Aufbau von Lösungsstrategien	205
Stunde 10:	Konfliktmanagement 3: Generalisierung	223
	Ergänzung: Weitere Themen	237

2.3 Durchführungsanleitung für die Stunden mit den Eltern ... 257

Stunde 1 mit den Eltern ... 261

Stunde 2 mit den Eltern ... 273

Stunde 3 mit den Eltern ... 285

Anhang: Kopiervorlage Elternhandbuch ... 291

III Literatur ... 311

Einleitung

Die Fähigkeiten, Kontakte mit Gleichaltrigen zu gestalten, neue Freundschaften zu knüpfen und aufrechtzuerhalten, Wünsche, Bedürfnisse und Gefühle anderer adäquat wahrzunehmen und zu berücksichtigen, ohne dabei die eigenen zu vernachlässigen, gehören zu den wichtigsten Entwicklungsaufgaben von Kindern und Jugendlichen. Diese Fähigkeiten werden als *Soziale Kompetenz* bezeichnet. Eine Vielzahl von Verhaltensauffälligkeiten und psychischen Störungen bei Kindern und Jugendlichen gehen mit einem Mangel an solchen sozialen Fertigkeiten einher. Sei es, dass die Kinder auf Grund ihrer Ängstlichkeit und Zurückhaltung nicht in der Lage sind, altersentsprechend Kontakte zu Gleichaltrigen aufzunehmen, sich nicht abgrenzen können oder ihre eigenen Bedürfnisse nicht mitteilen können. Sei es, dass sie aggressiv reagieren oder sich immer in den Mittelpunkt stellen, ohne die Wünsche und Gefühle anderer zu berücksichtigen. Soziale Fertigkeiten bilden somit eine Grundlage für die Bewältigung alterstypischer sozialer Entwicklungsaufgaben. Der Mangel an solchen Fertigkeiten gefährdet die Bewältigung dieser Entwicklungsaufgaben.

Die fehlende soziale Integration, Zurückweisung durch Gleichaltrige und mangelnde Fertigkeiten, soziale Interaktionen zu initiieren und aufrechtzuerhalten gelten als prognostischer Risikofaktor für die Entwicklung von psychischen Auffälligkeiten (Asarnow, 1988; Parker, Rubin, Prince & DeRosier, 1995). Entsprechend stehen Soziale Kompetenztrainings nach einer versorgungsepidemiologischen Untersuchung von Podeswik, Ehlert, Altherr und Hellhammer (1995) bei den eingesetzten verhaltenstherapeutischen Methoden in der ambulanten psychotherapeutischen Versorgung von Kindern und Jugendlichen nach „Rollenspiel" und „Kognitivem Umstrukturieren" an dritter Stelle.

In unserer täglichen Arbeit mit Kindern und Jugendlichen in einer kinder- und jugendpsychiatrischen Tagesklinik wurde deshalb das Gruppen- oder Einzeltraining sozialer Fertigkeiten zu einem festen therapeutischen Grundbaustein. Es gab kaum Kinder oder Jugendliche, die nicht soziale Defizite aufwiesen. Anfangs haben wir, um dem abzuhelfen, die gängigen Materialien und Manuale eingesetzt. Im Laufe der Jahre und mit wachsenden Erfahrungen haben wir aber immer mehr und mehr eigene Materialien und Ideen zusammengetragen und unseren „Fundus" erweitert – das folgende Manual ist das Ergebnis dieses Prozesses. Somit liegt also nicht ein aus der Theorie abgeleitetes, sondern ein aus der Praxis entstandenes Therapieprogramm vor Ihnen. Unser Weg war also umgekehrt. Wir haben versucht, unsere praktische Erfahrung in einem Programm zusammenzufassen und auf eine theoretische Basis zu stellen. Bedeutsam war für uns die praktische Relevanz. Um die Brauchbarkeit der Materialie zu erhöhen, finden Sie im Text immer wieder Querverweise auf zugrunde gelegte oder weiterführende Materialien.

Wir hoffen, dass sich unser Manual in der Praxis bewährt und sind für jegliche Rückmeldung dankbar.

Würzburg, im Herbst 2005
Norbert Beck, Silke Cäsar & Britta Leonhardt

Anmerkung: Um die Lesbarkeit zu erleichtern, verwenden wir durchgehend die maskuline Form, damit sind aber immer beide Geschlechter gemeint.

I Theoretische Grundlagen

1 Was ist Soziale Kompetenz?

1.1 Soziale Kompetenz als Konstrukt

Eine allgemein gültige Definition Sozialer Kompetenz existiert nicht. Synonym zum Begriff der Sozialen Kompetenz werden oft die Begriffe Selbstsicherheit oder assertives Verhalten verwendet, weiter wird Soziale Kompetenz häufig gleichgesetzt mit dem Konstrukt der emotionalen Intelligenz. Am ehesten werden mangelnde Soziale Kompetenzen schüchternen, gehemmten oder ängstlichen Kindern zugeordnet, wobei ebenfalls unruhige, sprunghafte und impulsive Kinder durch einen Mangel angemessener sozialer Fertigkeiten imponieren können. Entsprechend werden sowohl vermeidend-unsichere als auch zudringlich-aggressive Reaktionsmuster als sozial inkompetent definiert (Hinsch & Pfingsten, 2002).

Soziale Kompetenz ist ein theoretisches Konstrukt, es ist also notwendig, auf der Basis bestimmter Verhaltensweisen oder auf der Basis durch bestimmte Verhaltensweisen erreichter Ziele auf die Soziale Kompetenz einer Person rückzuschließen. Entsprechend werden in Definitionsversuchen teilweise die *sozialen Fertigkeiten* („social skills") wie Problemlösefähigkeiten, Perspektivenübernahme oder Wahrnehmung des Gegenübers in den Vordergrund gestellt. In anderen Ansätzen werde die *Erreichung* bestimmter *sozialer Zielsetzungen* als Definitionsgrundlage herangezogen. Dazu gehören die Ziele wie Freunde zu haben, beliebt und anerkannt zu sein und wirkungsvoll mit Gleichaltrigen zu interagieren.

Während sich der eine Ansatz also mehr an den Fertigkeiten einer Person orientiert, werden im zweiten Ansatz die Ziele als definitorisches Kriterium in den Vordergrund gestellt. Beide Definitionsansätze bergen Unschärfen, da bestimmte Fertigkeiten alleine noch kein Garant für das Erreichen sozialer Zielsetzungen sind, andererseits das Erreichen bestimmter Ziele alleine keine Rückschlüsse auf den eingeschlagenen Weg zulassen. Die Fähigkeit, sich empathisch in den anderen zu versetzen, seine Stimmungen und Gefühle zu erkennen, führt nicht automatisch zu sozialer Integration. Und umgekehrt gibt die Tatsache, dass jemand in einer Gruppe integriert ist, keine Auskunft über die Art und Weise, wie er dies erreicht hat. Insbesondere aggressive Kinder erfahren häufig mit ihren aggressiven Verhaltensweisen eine hohe Akzeptanz und Anerkennung in der Gleichaltrigengruppe.

Weiter werden immer wieder die Begriffe Soziale Kompetenz im Sinne einer überdauernden Persönlichkeitseigenschaft („trait") und soziale Fertigkeiten im Sinne von konkreten Verhaltensweisen in sozialen Situationen unterschieden (Kavale & Forness, 1996). Folgt man dieser Unterscheidung, so ist in verhaltenstherapeutisch orientierten Ansätzen von sozialen Fertigkeiten bzw. von einem Mangel oder von Defiziten solcher Fertigkeiten zu sprechen, da als therapeutische Zielsetzung konkretes Verhalten in den Mittelpunkt gestellt wird. Elliott und Gresham (1993) sehen das Konstrukt Soziale Kompetenz als einen Sammelbegriff, der eine soziale Bewertung individueller Verhaltensweisen in einer bestimmten Situation widerspiegelt. Die Autoren stellen grundsätzlich fünf wesentliche Verhaltensmuster als Ausdruck Sozialer Kompetenz zusammen:
- Fähigkeit zu Kooperation
- Selbstsicherheit
- Verantwortlichkeit

I Theoretische Grundlagen

- Empathie
- Selbstkontrolle

In vergleichbarer Weise definieren auch Buhrmester, Furman, Wittenberg und Reis (1988) Soziale Kompetenz nicht als homogene Fähigkeit, sondern als ein aus unterschiedlichen Teilbereichen bestehendes Handlungsrepertoire mit den Schwerpunkten: Beziehung initiieren/Kontakte knüpfen, Einfluss geltend machen, emotionale Unterstützung, Selbstöffnung und Konfliktlösung oder, wie Asendorpf (1999) es definiert, mit den Hauptkomponenten Durchsetzungsfähigkeit und Beziehungsfähigkeit.

1.2 Soziale Kompetenz unter einer Entwicklungsperspektive

Soziale Kompetenzen unterliegen, wie fast alle Fertigkeiten, einer Entwicklung über die gesamte Lebensspanne hinweg. Wir werden nicht von Kindern unterschiedlicher Altersstufen in gleicher Weise bestimmte Verhaltensweisen in der sozialen Interaktion erwarten. Ebenso ist bei der Beurteilung sozial kompetenter Verhaltensweisen natürlich die kognitive Leistungsfähigkeit zu berücksichtigen.

Die Interaktion mit der Gleichaltrigengruppe gewinnt mit dem Kindergartenalter an Bedeutung. Diese Bedeutung wächst über das Schulalter bis in die Adoleszenz in ihrer Quantität deutlich an. Dies bedeutet, dass Kinder und Jugendliche mit steigendem Alter mehr Zeit in der Gleichaltrigengruppe verbringen (Hartrup, 1992). Über die zunehmende Identifikation mit der Gruppe kommt es auch zu einer qualitativen Veränderung, die Anforderungen an soziale Fertigkeiten werden zunehmend komplexer und differenzierter. Die Bewältigung sozialer Aufgaben unterstützt die Identitäts- und Persönlichkeitsentwicklung und trägt einen wesentlichen Teil zur Entwicklung des Selbstkonzeptes bei. Zurückweisung und Isolierung durch die Gleichaltrigengruppe beeinträchtigt diese Entwicklung und stellt einen Risikofaktor für entweder eher internalisierendes Verhalten (ängstlicher Rückzug) oder stärker externalisierndes Verhalten (ausagierend-aggressiv) dar.

Die Entwicklung und Stabilisierung der Ablehnung oder Zurückweisung durch die Gleichaltrigengruppe unterliegt offensichtlich einer gewissen Regelhaftigkeit und beginnt sehr früh. Nach Rubin, LeMare und Lollis (1990) geraten Kinder auf Grund von schwierigen Temperamentseigenschaften und möglichen familiären Risikofaktoren (aggressive oder überängstliche Mutter) sowohl innerhalb der Familie als auch in weiteren sozialen Situationen wie z.B. im Kindergarten in die Isolation. Sie zeigen aggressives Verhalten und werden abgelehnt. Dieser erworbene negative Status erweist sich häufig als sehr stabil (siehe Oerter & Montada, 1998). Aus entwicklungspsychopathologischer Sicht stellen somit mangelnde Soziale Kompetenzen einen Risikofaktor zur psychosozialen Fehlentwicklung dar.

Die Bewertung sozialer Fertigkeiten hängt aber offensichtlich nicht nur von der Entwicklung, sondern auch von der Bewertungsquellen ab. Gasteiger-Klicpera und Klicpera (1999) zeigten, dass Eltern z.B. die sozialen Fertigkeiten ihrer Kinder höher bewerteten als die Lehrer.

1.3 Soziale Kompetenz: Ein Definitionsversuch

Wir legen einem Definitionsversuch des Konstruktes Soziale Kompetenz eine lerntheoretische Modellannahme zu Grunde. Operationalisiert ist Soziale Kompetenz durch soziale Fertigkeiten („social skills"). Diese Fertigkeiten werden auf der Basis biologischer Dispositionen und Kind-Umwelt-Interaktionen durch Lernprozesse entwickelt und stabilisiert. Defizite sozialer Fertigkeiten stellen Fehlentwicklungen dieses Lernprozesses dar. Entsprechend können durch adäquate Lernprozesse („Therapie") soziale Fertigkeiten entwickelt werden.

Döpfner, Rey und Schlüter (1981) definieren Soziale Kompetenz als „Verfügbarkeit und Anwendung kognitiver, emotionaler und motorischer Fertigkeiten, die in einer bestimmten sozialen Situation zu einem günstigen Verhältnis von positiven und negativen Konsequenzen führen". Es erscheint wichtig, diese Definition um den Entwicklungsaspekt zu erweitern.

> Soziale Kompetenz ist eine Menge an kognitiven, emotionalen und motorischen Fertigkeiten, die einem Individuum zur Verfügung stehen und in spezifischen Situationen auch umgesetzt werden können, um soziale Aufgabestellungen alters- und entwicklungsentsprechend angemessen und effektiv zu bewältigen.

2 Wer ist/wird sozial inkompetent?

Sozial inkompetentes Verhalten vor allem im Sinne vermeidend-unsicherer Reaktionsmuster kann bei einer Vielzahl von Kindern und Jugendlichen auftreten, ohne dass hierfür zunächst eine spezifische Störung vorliegen muss. Schwartz, Snidman und Kagan (1999) stellten fest, dass etwa 20 % einer Untersuchungsgruppe gesunder Babys auf für sie fremde, unbekannte Reize Furchtreaktionen zeigten. Diese dispositionelle Temperamentseigenschaft war über die Kindheit relativ stabil und erhöhte die Wahrscheinlichkeit ängstlich-unsicheren Verhaltens in der späteren Kindheit deutlich.

Kindliche Schüchternheit wiederum stellt nicht selten einen entwicklungspsychopathologischen Vorläufer klinisch relevanter Angststörungen dar (Olsson & Rosenblum, 1998). Ängstlich-schüchtern-gehemmtes Verhalten in der Kindheit unterliegt einer hohen Stabilität, akzentuiert sich häufig über die kindliche Entwicklung (Mayr, 1992) und mündet in soziale Ängstlichkeit bis zu Angststörungen (Schwartz et al., 1999). In der repräsentativen Bremer Jugendstudie (Essau, Conradt & Petermann, 1998) gaben über 47 % der Kinder und Jugendlichen im Altern von 12 bis 17 Jahren soziale Ängste an, bei insgesamt 1,6 % der Untersuchungsgruppe erreichten die sozialen Ängste klinisch relevante Ausmaße im Sinne einer sozialen Phobie. Kinder und Jugendliche mit sozialen Phobien zeigen gegenüber einer gesunden Kontrollgruppe signifikante Defizite in ihren sozialen Fertigkeiten sowohl in der eigenen Wahrnehmung als auch in der Fremdbeurteilung durch Lehrer und Eltern (Grinsburg, La Creeca & Silverman, 1998; Spence, Donovan & Brechman-Toussaint, 1999; Beidel, Turner & Morris, 1999; Joormann & Unnewehr, 2002).

I Theoretische Grundlagen

Weitere kinder- und jugendpsychiatrische Störungsbilder, die mit Defiziten der sozialen Fertigkeiten einhergehen sind Angststörungen wie die emotionale Störung mit Trennungsangst (ICD-10: F 93.0), die Störung mit sozialer Überempfindlichkeit (ICD-10: F 93.2) oder Störungen sozialer Funktionen wie Elektiver Mutismus (ICD-10: F 94.0).

Ein enger Zusammenhang konnte auch zwischen Depressionen und sozialen Fertigkeiten festgestellt werden. Dies verdeutlicht sich im verhaltenstheoretischen Entwicklungsmodell der Depression nach Lewinsohn (1974). Ein Kernpostulat dieser Theorie ist, dass depressive Menschen an einem Mangel an sozialen Fertigkeiten leiden. Dieser Mangel an sozialen Fertigkeiten führt zu einem Verlust an positiven sozialen Verstärkern mit der Folge einer depressiven Entwicklung. Ein Defizit an sozialen Fertigkeiten konnte empirisch auch für depressive Kinder und Jugendliche nachgewiesen werden (Kovacs & Mukerji, 1997). Segrin (2000) fasst die Ergebnisse unterschiedlicher Studien zusammen, wonach bei depressiven Kindern und Jugendlichen fehlerhaftes Entschlüsseln sozialer Situationen, weniger Möglichkeiten, eine soziale Interaktion zu initiieren und gegenüber einer gesunden Kontrollgruppe häufiger negative und aggressive Verhaltensweisen in sozialen Interaktionen festgestellt wurden.

Allerdings ist nach Segrin (2000) nicht eindeutig zu beantworten, ob mangelnde soziale Fertigkeiten als Ursache, als Folge oder als intermittierende Variable einer depressiven Entwicklung zu sehen sind. Unabhängig davon gehört das Training sozialer Fertigkeiten zu den Grundbausteinen einer verhaltenstherapeutisch orientierten Intervention bei Depressionen (Harrington, 2001).

Diese internalisierenden, also mehr nach innen gerichteten Störungen, sind durch eine Reihe externalisierender Störungen zu ergänzen. Diese gehen eher indirekt mit einem Mangel Sozialer Kompetenzen im Sinne unangemessener impulsiv-aggressiver Verhaltensweisen einher. Dies bedeutet, dass sozial inkompetentes Verhalten nicht zu den Leitsymptomen der Störung gehört, aber häufig mit diesen Störungen assoziiert ist. Hier sind primär folgende Störungen zu nennen:

- Hyperkinetische Störung (ICD-10: F 90.0)
- Hyperkinetische Störung des Sozialverhaltens (ICD-10: F 90.1)
- Störung des Sozialverhaltens (ICD-10: F 91)
- Kombinierte Störungen des Sozialverhaltens und der Emotionen (ICD-10: F 92)

Insbesondere für die Untergruppe der Störung des Sozialverhaltens bei fehlenden sozialen Bindungen (ICD-10: F 91.1) gilt soziale Isolation, Zurückweisung, Unbeliebtheit und die Unfähigkeit, länger dauernde enge Freundschaften aufrechtzuerhalten, zu den diagnostischen Kriterien. Mangelnde Soziale Kompetenzen scheinen hier kennzeichnend für diese Störungsgruppe. Innerhalb einer kinder- und jugendpsychiatrischen Patientengruppe haben nach einer Untersuchung von Asarnow (1988) Kinder und Jugendliche mit externalisiernder Störung sowie depressive Patienten mit einer externalisierenden komorbiden Störung die schlechteste soziale Integration und Akzeptanz. Prädiktoren für diese soziale Desintegration waren neben der intellektuellen Leistungsfähigkeit die mangelnden Sozialen Kompetenzen.

Kinder mit diesen Störungsbildern leiden häufig an „sozialen Wahrnehmungsverzerrungen" (Dodge, Prince, Bachorowski & Newman, 1990; Crick & Dodge, 1994), die dazu führen, dass neutrale Informationen als feindselig bewertet und damit aggressive Verhaltensweisen gerechtfertigt werden. Gravierende Beeinträchtigungen in Bezug auf verschiedene Aspekte Sozialer Kompetenzen bei Kindern mit Störungen des Sozialverhaltens wurden übereinstimmend sowohl für jüngere (Webster-Stratton, 1999) als auch für ältere Kinder und Jugendliche (Crick & Dodge, 1994) festgestellt. Die Ergebnisse lassen sich im Wesentlichen folgendermaßen zusammenfassen:

- Kinder mit Störungen des Sozialverhaltens neigen dazu, ihre eigenen Sozialen Kompetenzen und ihre soziale Akzeptanz zu überschätzen, während Eltern und Lehrer die Sozialen Kompetenzen im Vergleich zu gesunden Kontrollgruppen als deutlich eingeschränkt bewerten.
- Kinder und Jugendliche mit Störungen des Sozialverhaltens zeigen häufiger Fehlinterpretationen der sozialen Realität, indem sie neutrale Situationen feindselig und bedrohend bewerten.
- Die Auswahl an Problemlösestrategien ist bei Kindern und Jugendlichen mit Störungen des Sozialverhaltens gegenüber gesunden Kontrollgruppen eingeschränkt, v.a. verfügen diese Kinder über weniger positive Lösungsstrategien.

In vergleichbarer Weise konnten auch Defizite sozialer Fertigkeiten bei Kindern mit einem Hyperkinetischen Syndrom festgestellt werden (Nixon, 2001). Bei Kindern mit diesen Störungsbildern zeigte sich vor allem ein rigides, wenig der Aufgabenstellung und Situation angepasstes soziales Kommunikationsverhalten (Landau & Milich, 1988). Erneut stellt bei diesen Kindern allerdings das Ausmaß aggressiver Verhaltensweisen die vermittelnde Variable für den Grad der Zurückweisung durch die Gleichaltrigengruppe und die soziale Desintegration dar. Nach einer Untersuchung von Guevremont und Dumas (1994) haben 50 % aller Kinder mit einem Hyperkinetischen Syndrom gravierende Probleme mit der Gleichaltrigengruppe und erleben Ablehnung und Zurückweisung durch diese.

Neben der bis in das Jugend- und junge Erwachsenenalter persistierenden hyperkinetischen und der Leistungsproblematik lassen sich im Verlauf der hyperkinetischen Störung weiterhin Defizite in sozialen Fertigkeiten feststellen (Mannuzza & Klein, 2000).

Weiter finden sich auch bei anderen kinder- und jugendpsychiatrischen Störungsbildern soziale Verhaltensdefizite, entweder bereits im Vorfeld der Erkrankung im Sinne dispositioneller Faktoren oder auch als Sekundärproblematik im Rahmen der Erkrankung. Hier sind zu nennen:
- Essstörungen
- Zwangsstörungen
- Angststörungen, die nicht primär auf soziale Situationen bezogen sind
- Autismus (Weiss & Harris, 2001)

Eine besondere Risikogruppe für soziale Fertigkeitsdefizite scheinen lernbehinderte Kinder darzustellen. Nach einer Literaturübersicht von Kavale und Forness (1996) zeigen 75 % der lernbehinderten Schüler neben kognitiven Defiziten auch deutliche soziale Defizite.

3 Warum ist jemand sozial inkompetent? – Erklärungsmodelle

Für mangelnde soziale Fertigkeiten spielen eine Reihe möglicher Faktoren eine bedeutende Rolle. Elliott und Gresham (1993) haben folgende Faktoren zusammengestellt:
- *Mangelndes Wissen* über angemessene soziale Verhaltenweisen.
- *Mangelnde Gelegenheiten*, angemessene soziale Fertigkeiten zu entwickeln.
- *Mangelhafte korrigierende Rückmeldung* über soziale Fertigkeiten.
- *Mangel an Verstärkung* auf sozial kompetentes Verhalten.
- *Interferierende Verhaltensauffälligkeiten/kinder- und jugendpsychiatrische Störungen.*

Diese Faktoren können zu einem Mangel an sozialen Fertigkeiten führen. Auf der Verhaltensebene drückt sich der Mangel an sozialen Fertigkeiten in konkretem Verhalten aus. Zu sozialer Inkompetenz wird es allerdings erst durch die Bewertung in einer konkreten Situation. Dies bedeutet, dass
- soziales Verhalten nicht in gleicher Weise in allen sozialen Gruppen als angemessen oder unangemessen bewertet wird (Gruppenabhängigkeit),
- soziales Verhalten nicht für alle Alters- und Entwicklungsstufen als angemessen oder unangemessen bewertet wird (Entwicklungsabhängigkeit),
- soziales Verhalten nicht in jeder Situation in gleicher Weise als angemessen oder unangemessen bewertet wird (Situationsabhängigkeit).

Die Bewertung als sozial kompetent bzw. inkompetent kann durch die Person selbst oder aber durch die Umwelt erfolgen.

Zusammenfassend lassen sich diese Faktoren in Ergänzung und Modifikation zu Elliott und Gresham (1993) folgendermaßen zu einem Modell der Entwicklung sozialer Inkompetenz darstellen (siehe Abbildung 1).

Als von zentraler Bedeutung für sozial kompetentes Verhalten, insbesondere bei aggressiven Kindern, wird immer wieder die soziale Informationsverarbeitung gesehen, wie sie von Dodge, Pettit, McClaskey und Brown (1986) modellhaft dargestellt und von Crick und Dodge (1994) erweitert wurde. Nach diesem Modell ist die soziale Informationsverarbeitung durch sechs Schritte gekennzeichnet (siehe Abbildung 2):
(1) Entschlüsselung externer und interner Hinweisreize
(2) Richtige Interpretation dieser Reize
(3) Klärung oder Auswahl eines Ziels
(4) Zugang zu oder Erarbeiten von Verhaltensmöglichkeiten
(5) Entscheidung für ein Verhalten
(6) Durchführung des Verhaltens

Die Kinder begegnen einer sozialen Situation mit (biologisch) begrenzten Fähigkeiten und auf der Basis von Erinnerungen und vergangenen Erfahrungen.

In einem ersten Schritt müssen sowohl innere Reize (Gefühle) wie auch äußere Reize (Situationen) adäquat entschlüsselt (1) und bewertet (2) werden. Fehlerhafte Interpretationen können

3 Warum ist jemand sozial inkompetent? – Erklärungsmodelle

Abbildung 1: *Modell der Entwicklung sozialer Inkompetenz*

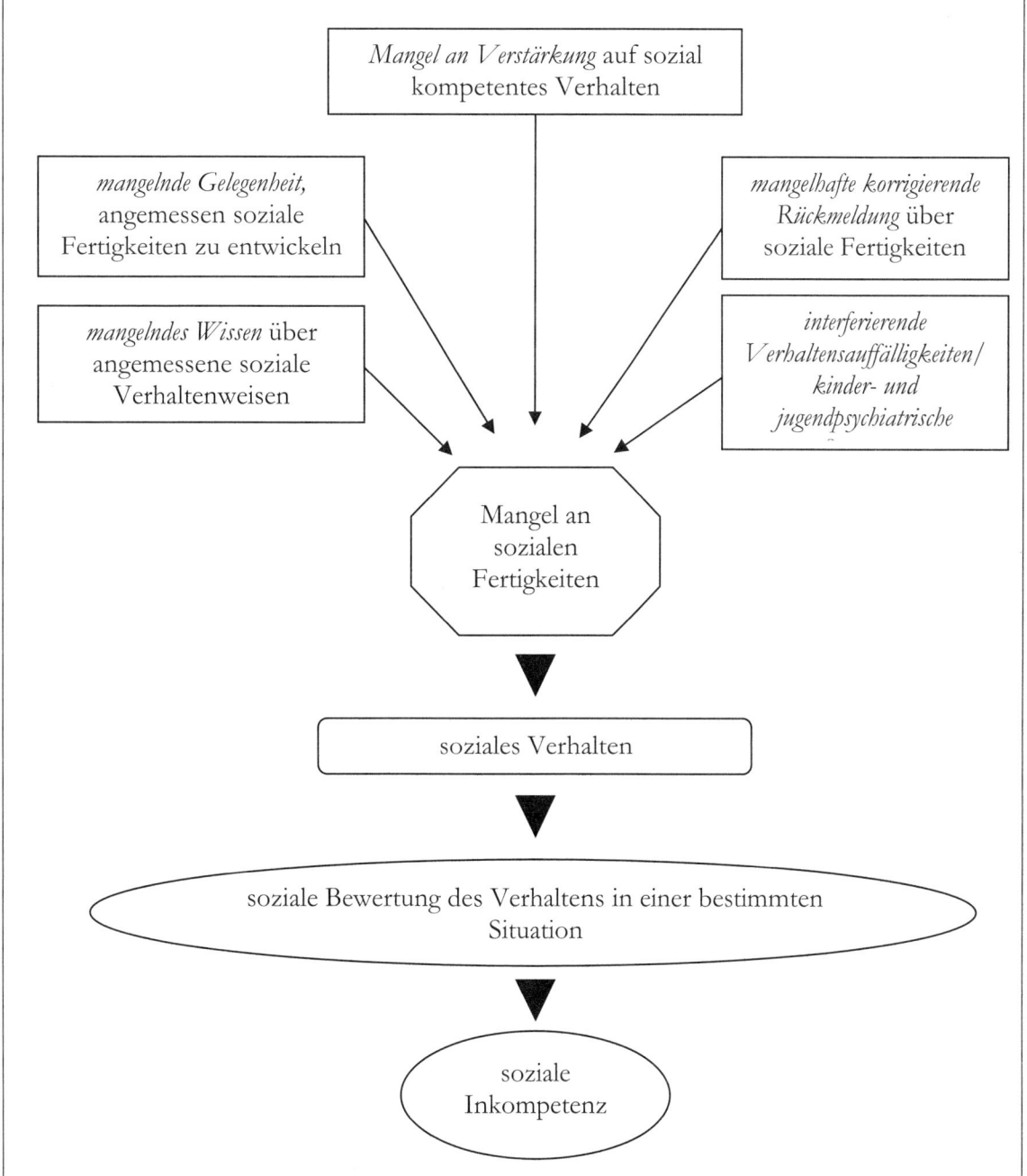

dazu führen, dass eine neutrale Situation als feindselig und abwertend bewertet wird. In den nächsten beiden Schritten werden Zielsetzungen für die Situation festgelegt (3) und mögliche alternative Reaktionsmöglichkeiten in Erwägung gezogen (4). Sozial inkompetente Kinder zeigen dabei häufig einen Mangel an potentiellen Handlungsstrategien, Handlungsmöglichkeiten beschränken sich auf entweder aggressive Reaktionsmuster oder sozialen Rückzug und Verweigerung. Im folgenden Schritt findet eine Abwägung der Handlungsmöglichkeiten auf ihre Effektivität (5) und in der Folge die Ausübung der Handlung (6) statt.

I Theoretische Grundlagen

Das Modell sieht die soziale Informationsverarbeitung nicht als lineares Geschehen, sondern als Kreisprozess mit Rückmeldeschleifen und einer ständigen Wechselwirkung mit der biologischen Ausstattung und den Erfahrungen mit sozialen Situationen.

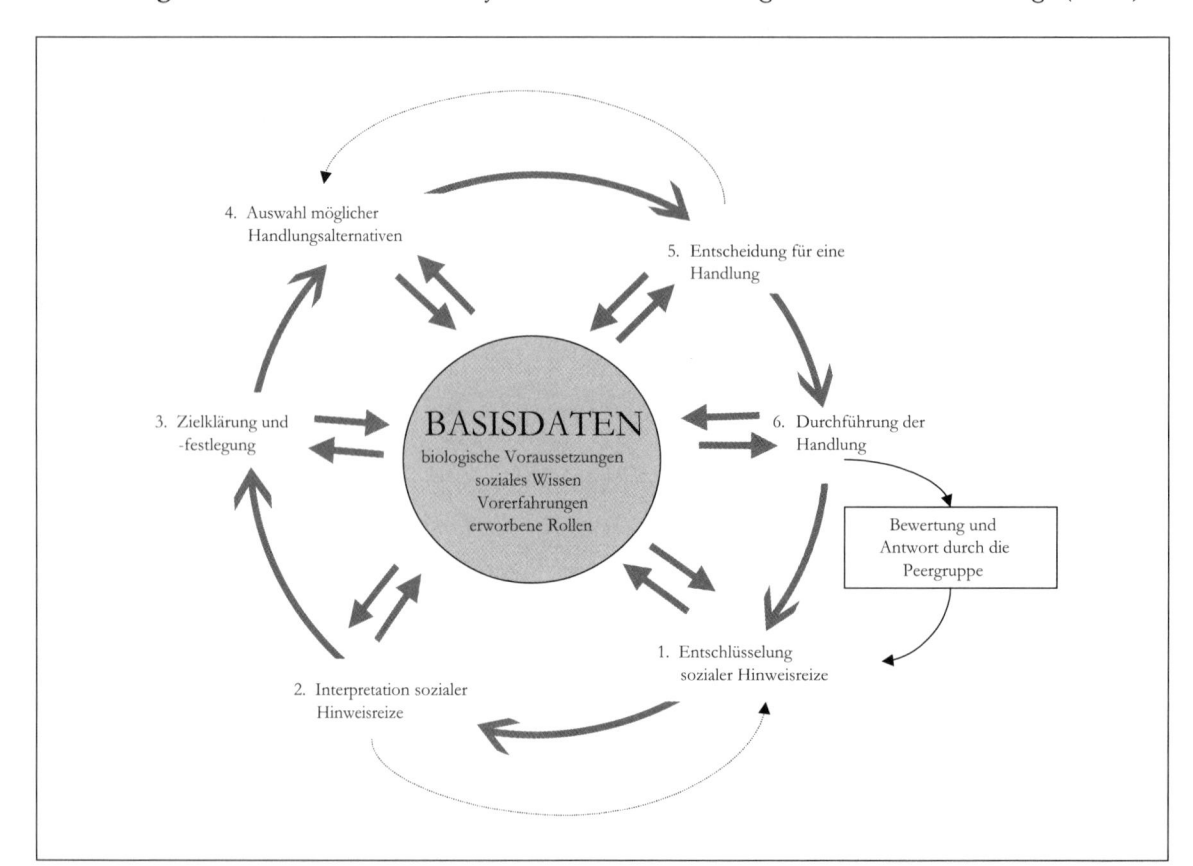

Abbildung 2: *Modell der sozialen Informationsverarbeitung nach Crick und Dodge (1994)*

```
                4. Auswahl möglicher
                   Handlungsalternativen
                                          5. Entscheidung für eine
                                             Handlung

    3. Zielklärung und       BASISDATEN              6. Durchführung der
       -festlegung       biologische Voraussetzungen    Handlung
                         soziales Wissen
                         Vorerfahrungen
                         erworbene Rollen             Bewertung und
                                                      Antwort durch die
                                                      Peergruppe

                                              1. Entschlüsselung
                                                 sozialer Hinweisreize
                2. Interpretation sozialer
                   Hinweisreize
```

Eine Reihe von Untersuchungen (Akhtat & Bradley, 1991; Webster-Stratton, 1999) haben für aggressive Kinder Defizite auf nahezu allen Stufen dieses Prozesses nachweisen können.

> Beispiel: Der zehnjährige D. wird in einem Fußballspiel von einem Mitspieler angeschossen, als er versucht, den Mitspieler am Torschuss zu hindern. D. fährt den Mitspieler an, bezichtigt ihn, D. absichtlich am Rücken getroffen zu haben und beschwert sich beim mitspielenden Pädagogen. D. bricht danach sein Spiel ab, setzt sich in die Ecke und vergräbt seinen Kopf in den Armen. Die Mitspieler bezeichnen D. als „beleidigte Leberwurst", was D. zu der Aussage führt, dass alle immer gegen ihn seien.

Das Modell der sozialen Informationsverarbeitung dient als theoretische Grundlage für eine Vielzahl von Sozialen Kompetenztrainings. Eine differenzierte Wahrnehmung sozialer Reize und eigener Emotionen, ein Aufbau von Problemlösestrategien, eine Erweiterung von Handlungsstrategien und konkrete Übungen zur Ausführung prosozialen Verhaltens sind dabei wichtige Bausteine.

4 Wie kann man soziale Inkompetenz feststellen? – Diagnostik

Defizite sozialer Fertigkeiten schlagen sich im Verhalten nieder, entsprechend ist die bedeutenste diagnostische Quelle die Verhaltensbeobachtung bzw. die Rückmeldung über konkretes Verhaltens durch die *Person* selbst, die *Eltern* oder *Erzieher/Lehrer*. Neben der (systematischen oder unsystematischen) *Verhaltensbeobachtung* dienen *Interviewverfahren* sowie *psychometrische Verfahren* (Fragebogen) zur Erfassung sozialer Defizite. Tabelle 1 gibt eine Zusammenfassung über relevante diagnostische Möglichkeiten.

Tabelle 1: *Diagnostische Möglichkeiten zur Erfassung sozialer Defizite*

		Informationsquelle		
		Kind	Eltern	Lehrer
Verfahren	Verhaltens-beobachtung	systematische Verhaltensbeobachtung unsystematische Verhaltensbeobachtung	Exploration Anamnese	verbale Beurteilung in den Zeugnissen
	Interview	Kinder-DIPS, Kinderversion Interviewleitfaden nach Petermann & Petermann (2000a)	Kinder-DIPS, Elternversion Mannheimer Elterninterview Interviewleitfaden nach Petermann & Petermann (2000b, 2000c)	
	Psychometrische Verfahren	YSR SDQ SPAIK Angstfragebogen für Schüler (AFS) SDQ	CBCL SDQ SU-E SDQ	TRF SU-L

Verhaltensbeobachtung: Meist suchen Kinder und Jugendliche nicht aus eigener Motivation therapeutische Hilfe. Initiiert wird die Hilfe oft durch die Eltern oder durch Dritte, z.B. die Schule. Erste Informationen über die sozialen Fertigkeiten ergeben sich deshalb aus der Erfassung der allgemeinen Problematik/Symptomatik und der Anamneseerhebung durch die Eltern. Die soziale Integration und die Kontaktgestaltung sind hier explizit zu erfragen. Bei Hinweisen auf soziale Defizite ist insbesondere auf eine sehr konkrete Beschreibung des Verhaltens im Sinne einer Verhaltens- und Problemanalyse zu achten. Problematisches Verhalten sollte beschrieben werden nach der Qualität (Verhaltensdefizit oder Verhaltensexzess), der Situationsangemessenheit, der Intensität, der Häufigkeit und der Dauer. Weiter müssen die Entwicklung des Verhaltens sowie mögliche aufrechterhaltende Faktoren berücksichtigt werden.

I Theoretische Grundlagen

In wissenschaftlichen Untersuchungen zur Thematik der Sozialen Kompetenzen werden auch standardisierte Interaktionssequenzen analysiert, in der praktischen Arbeit kann z.B. ein Rollenspiel oder eine Mutter-Kind-Interaktion videografiert und ausgewertet werden. Insbesondere bei Verhaltensproben mit vertrauten Personen dürfte allerdings keine hohe Validität zu erwarten sein.

Hinweise auf soziale Fertigkeiten liefern möglicherweise auch Interaktions- und Kommunikationsverhalten beim Erstkontakt mit einem Kind oder Jugendlichen. (Sprache, Blickkontakt, Körperhaltung, vegetative Zeichen, z.B. schweißnasse Hände, Aussagen über den Freundeskreis und über den Umfang sozialer Aktivitäten).

Im teilstationären oder stationären Setting bieten sich weiterführende Möglichkeiten der Verhaltensbeobachtung. Ein für diese Problematik sensibilisiertes Personal wird schnell erkennen, ob ein Kind/Jugendlicher jemanden zum Spiel auffordern kann, eigene Wünsche und Bedürfnisse mitteilen kann, einen Erwachsenen ansprechen kann, situationsangemessen reagiert oder durch sein Verhalten die Integration in die Gruppe verhindert.

Wichtige Hinweise über das soziale Interaktionsverhalten liefern die verbalen Beurteilungen der Lehrer. Deshalb sollten im diagnostischen Prozess die Zeugnisse immer eingesehen werden. Problematisch hierbei erscheint, dass ausagierende Verhaltensweisen häufig stärker Eingang in die verbale Beurteilung der Lehrer finden als ängstlich-zurückgezogenes Verhalten. Mangelnde mündliche Beteiligung, fehlende Einbindung in den Klassenverband, aber auch eine starke Diskrepanz von schriftlich und mündlich erbrachter Leistung zu Ungunsten der mündlichen Leistungen sind Hinweise auf soziale Ängstlichkeit. Ein weiteres wichtiges Indiz können häufige Fehlzeiten sein.

> *S. ist eine sehr zaghafte Schülerin... Am Unterricht beteiligt sie sich von sich aus eher selten... S. spricht dabei oft sehr leise. Sie wirkt insgesamt noch sehr gehemmt... beteiligt sich jedoch nur seltenst aktiv am Unterricht... sollte sich viel mutiger, aktiver und intensiver ins Unterrichtsgeschehen einmischen.*
> (Auszug aus einem Zeugnis)

Interviews: Klinische Interviews wie z.B. das Kinder-DIPS (Unnewehr, Schneider & Margraf, 1998) oder das Mannheimer Elterninterview (Esser, Blanz, Geisel & Laucht, 1989) dienen der strukturierten Erhebung der Ausprägung kinder- und jugendpsychiatrischer Symptome und dem Vorliegen kinder- und jugendpsychiatrischer Störungsbilder. Spezifische Hinweise auf Defizite sozialer Fertigkeiten ergeben sich also über die Ausprägung bestimmter Verhaltensweisen im Rahmen eines Störungsbildes. Darüber hinaus kann das Ausmaß der psychosozialen Belastung durch die Symptomatik beurteilt werden.

Spezifischer auf soziale Fertigkeiten abgesteckt sind dagegen Interviewleitfäden von Petermann und Petermann (2000a, 2000b). Sie berücksichtigen explizit die sozialen Beziehungen der Kinder und ermöglichen eine Verhaltensanalyse in verschiedenen sozialen Bereichen (Schule, Kontakt zu Geschwistern und Gleichaltrigen, Eltern-Kind-Beziehung). Für Jugendliche liegt eine eigene Version vor (Petermann & Petermann, 2000c).

4 Wie kann man soziale Inkompetenz feststellen? – Diagnostik

Psychometrische Verfahren: Als psychometrische Verfahren sind zunächst die deutschen Versionen der *Child Behavior Checklist* (CBCL; Döpfner, Schmeck & Berner, 1994c) sowie der *Youth Self-Report* (YSR; Döpfner, Schmeck & Berner, 1994a) und der *Teacher's Report Form* (TRF; Döpfner, Schmeck & Berner, 1994b) zu nennen. Es handelt sich um Listen von Eigenschaften und Verhaltensweisen, die in der Auswertung zu Symptomskalen zusammengefasst werden. Darüber hinaus werden die Kompetenzen der Kinder bzw. Jugendlichen für drei Kompetenzbereiche (Aktivität, soziale Kompetenz, Schule) sowie ein Gesamtwert „Kompetenz" erfasst.

Ein weiteres Screeningverfahren liegt mit dem *Strengths and Difficulties Questionaire* (SDQ) von Goodman (1999) vor (eine deutsche Version kann aus dem Internet unter http://www.sdqinfo.com heruntergeladen werden). Neben der Erfassung von Verhaltens- und emotionalen Problemen werden prosoziale Verhaltensweisen sowie soziale Beeinträchtigungen im häuslichen Rahmen, in der Gleichaltrigengruppe, in der Schule und im Unterricht berücksichtigt.

Maur-Lambert, Landgraf und Oehler (2003) stellen in ihrem Manual zum Gruppentraining mit ängstlichen und unsicheren Kindern einen Fragebogen in einer Eltern- und einer Lehrerversion vor, der ebenfalls als Screening zur Ausprägung sozial unsicherer Verhaltensweisen dienen kann.

Weiter liegen eine Reihe störungsspezifischer Verfahren auf der Basis von Selbstbeschreibungen vor, die sich insbesondere für die psychometrische Erfassung von Angstsymptomen eignen. Das *Sozialphobie- und Angstinventar für Kinder* (SPAIK; Melfsen, Florin & Warnke, 2001) erfasst anhand von spezifischen Situationen somatische, kognitive und Verhaltensaspekte der Sozialphobie. Der *Angstfragebogen für Schüler* (AFS; Wieczerkowski et al., 1998) berücksichtigt insbesondere schulbezogene Ängste auf den Dimensionen Prüfungsangst, allgemeine Angst und Schulunlust. Der *Gruppentest für soziale Einstellung* (SET; Joerger, 1981) oder auch der *Sozialfragebogen für Schüler der vierten bis sechsten Klasse* (SFS 4-6; Petillon, 1984) lassen Aussagen über die selbst erlebte soziale Reife bzw. das Handeln in sozialen Beziehungen zu. Hinsichtlich der spezifischen psychometrischen Diagnostik Sozialer Kompetenzen bzw. sozialer Fertigkeiten muss man sich allerdings der Bewertung von John (2001) anschließen, dass die Möglichkeiten der Erfassung Sozialer Kompetenzen noch unterentwickelt sind.

Insbesondere die zunehmende Berücksichtigung personaler, familiärer und sozialer Ressourcen in der Diagnostik (Klemenz, 2003) wird hier möglicherweise eine Veränderung herbeiführen.

Der gesamte diagnostische Prozess muss eingebettet sein in eine multiaxiale kinder- und jugendpsychiatrische Diagnostik (Remschmidt, Schmidt & Poustka, 2001).

Auf der Achse I (klinisch-psychiatrisches Syndrom) findet die Klassifikation eines kinder- und jugendpsychiatrischen Störungsbildes statt. Hier könnte z.B. eine Angststörung, ein Elektiver Mutismus oder ein Hyperkinetisches Syndrom diagnostiziert werden. Dies ist von besonderer Bedeutung, da Defizite sozialer Fertigkeiten mit einer Reihe von kinder- und jugendpsychiatrischen Störungsbildern einhergehen können. Die Behandlung der Grunderkrankung ist somit elementar.

Die Achse II (Umschriebene Entwicklungsstörungen) erfasst Besonderheiten in der Entwicklung des Sprechens, der Sprache, der Motorik und der schulischen Fertigkeiten. Solche

I Theoretische Grundlagen

Entwicklungsstörungen können für ein Training an sich relevant sein (z.B. bei der Bearbeitung schriftlicher Aufgaben). Teilleistungsstörungen und andere Entwicklungsstörungen können aber auch eine bedeutende Rolle spielen bei der Entwicklung und Aufrechterhaltung sozialer Defizite.

Auf der Achse III (Intelligenzniveau) findet eine Überprüfung der intellektuellen Leistungsfähigkeit statt. Kognitive Überforderungssituationen können einen Risikofaktor für die Entwicklung sozialer Fertigkeiten darstellen, weiter zeigen kognitiv beeinträchtigte Kinder insbesondere Defizite in ihren Sozialen Kompetenzen.

Nur ein Wissen über die kognitive Leistungsfähigkeit ermöglicht es, das Anforderungsniveau an die Fähigkeiten der einzelnen Teilnehmer anzupassen und damit Überforderungssituationen zu vermeiden.

Die Achse IV (Körperliche Symptomatik) ermöglicht die Berücksichtigung körperlicher Erkrankungen, die möglicherweise Erklärungsrelevanz für die Verhaltensproblematik haben.

Auf der Achse V (Assoziierte akute psychosoziale Umstände) werden belastende Lebensumstände berücksichtigt. Diese Umstände können von enormer Bedeutung für das Verständnis der Problematik sein und haben insoweit auch Trainingsrelevanz als z.B. bei einer psychischen Störung eines Elternteils oder einer abweichenden Elternsituation nicht in gleicher Weise auf die Ressourcen der Familie zurückgegriffen werden kann.

Die Achse VI (Globalbeurteilung der psychosozialen Belastung) erfasst das Ausmaß der Beeinträchtigung in der Alltagsbewältigung und gibt somit auch den Schweregrad und den Therapiebedarf bei sozialen Defiziten an.

5 Helfen Trainings? – Die Frage der Effektivität

Die Frage der Effektivität Sozialer Kompetenztrainings lässt sich nicht ganz einfach beantworten, da solche Trainings bei sehr unterschiedlichen Auffälligkeiten in unterschiedlichen Konzepten bei unterschiedlichen Altersgruppen eingesetzt werden. Weiter stellt sich die Frage, welche Effektivitätskriterien berücksichtigt werden (konkret beobachtbares Verhalten, Selbstbeschreibung, Eltern- oder Lehrerurteil). Grundsätzlich ist festzustellen, dass verhaltenstherapeutische Therapiemethoden den nichtverhaltenstherapeutischen Verfahren in der Behandlung von Kindern und Jugendlichen signifikant überlegen sind (Weisz, Weiss, Han, Granger & Morton, 1995). Innerhalb der verhaltenstherapeutischen Verfahren schneiden Soziale Kompetenztrainings insgesamt bezüglich ihrer Effektstärke durchschnittlich ab. In der Metaanalyse von Weisz et al. (ebd.) wird für Soziale Kompetenztrainings eine Effektstärke von 0.37 ermittelt. Dies bedeutet, dass ein Kind oder ein Jugendlicher nach der Teilnahme an einer Sozialen Kompetenzgruppe in den erfassten Erfolgskriterien besser abschneidet als 64 % einer Kontrollgruppe. In einer immer wieder zitierten Metaanalyse von Beelmann, Pfingsten und Lösel (1994) überprüfen die Autoren die Literatur zur Effektivität Sozialer Kompetenztrainings für Kinder aus den Jahren 1981 bis 1990 (insgesamt 49 Studien) und kommen zu ähnlichen Ergebnissen mit einer Effektstärke von 0.47 (siehe auch Lübben & Pfingsten, 1995). Diese Metaanalysen beziehen allerdings störungsunspezifisch Studien mit ein, sodass eine differenzierte Betrachtung lohnt. In den letzten Jahren hat eine bedeutende Entwicklung im Bereich Sozialer Kompetenztrainings stattgefunden (siehe Nangle, Erdley, Carpenter & Newman, 2002), sodass insbesondere für externalisierende Störungen die Effektivität Sozialer Kompetenztrainings gut belegt ist (Bienert & Scheider, 1995; Blonk, Prins & Sergant, 1996; Pfiffner & Burnett, 1997; Webster-Stretton, Reid & Hammond, 2001; Ison, 2001; Borg-Laufs, 2001). Für die hyperkinetische Störung wird Soziales Kompetenztraining in den Leitlinien der American Academy of Child and Adolescent Psychiatry (1997) als Therapieempfehlung bei Störungen in der Beziehung mit Gleichaltrigen gegeben (siehe auch Baving & Schmidt, 2001).

In Untersuchungen mit sozial phobischen Kindern konnten Beidel, Turner und Morris (2000), ebenso Spence, Donovan und Brechman-Toussaint (2000), die Effektivität Sozialer Kompetenztrainings auch für diese Störungsgruppe nachweisen. Nach den Trainings erfüllten 60 bis 85 % der behandelten Kinder gegenüber 5 bis 7 % der Wartegruppe nicht mehr die Kriterien einer sozialen Phobie, klinisch signifikante Veränderungen waren auch über einen Katamnesezeitraum von vier bzw. zwölf Monaten stabil bzw. es zeigten sich noch weitere Veränderungen in eine positive Richtung.

Blonk et al. (1996), Taylor, Eddy und Biglan (1999), Akhtar und Bradley (1991), ebenfalls Magee Quinn, Kavale, Mathur, Rutherford und Forness (1999), weisen allerdings auch darauf hin, dass Soziale Kompetenztrainings als alleinige therapeutische Interventionsform weniger effektiv sind als eine Integration dieses therapeutischen Verfahrens in einen integrierten multimodalen Behandlungsansatz. Ein solcher Ansatz sollte möglicherweise Elterntraining, Interventionen in der Schule oder auch eine medikamentösen Therapie umfassen. Weiter fordern Nangle et al. (2002) eine stärkere Berücksichtigung von Entwicklungsaspekten und eine differenziertere Indikation für unterschiedliche Alters- und Störungsgruppen. Zusammenfassend lassen sich die Ergebnisse folgendermaßen darstellen:

- Soziale Kompetenztrainings insgesamt weisen eine für psychotherapeutische Verfahren mittlere Effektivität auf (Effektstärke d = 0.37-0.47; d.h. dass etwa zwei Drittel der behandelten Kinder und Jugendlichen in den gemessenen Erfolgskriterien besser abschneiden als eine unbehandelte Gruppe).
- Für externalisiernde Störungen (Hyperkinetische Störung und Störung des Sozialverhaltens) gehören Soziale Kompetenztrainings zu den effektivsten Therapieverfahren.
- Multimodale Trainings (mit Berücksichtigung von Veränderungen mehrerer Funktionsbereiche) scheinen unimodalen Trainings überlegen zu sein.
- Das Training spezifischer Fertigkeiten ist einem eher globalen Ansatz überlegen.
- Die Trainings zeigen etwa gleiche Effektivität für internalisiernde wie für externalisierende Störungen.
- Soziale Kompetenztrainings sind effektiver, wenn sie integrativer Baustein eines multimodalen Behandlungsansatzes sind, wobei insbesondere die Einbeziehung der Eltern und des schulischen Settings die Effektivität steigern.
- Die Langzeiteffekte sowie die Generalisierung auf sozial valide Situationen sind häufig schwierig.

II Manual zum „Gruppentraining sozialer Fertigkeiten"

1 Rahmenbedingungen

1.1 Zielgruppe und Setting

Das im folgenden Manual vorgelegte „Gruppentraining sozialer Fertigkeiten" entstand aus den Erfahrungen bei der Durchführung Sozialer Kompetenztrainings in einer teilstationären kinder- und jugendpsychiatrischen Versorgungseinheit. Zielsetzung des Trainings ist es, Kindern im Alter von acht bis zwölf Jahren durch ein hoch strukturiertes und manualisiertes Vorgehen soziale Fertigkeiten zu vermitteln und die praktische Umsetzung der vermittelten Fertigkeiten zu üben. In der psychotherapeutischen Arbeit mit Kindern und Jugendlichen bildet dieses Training einen Baustein eines multimodalen mehrebenenorientierten Behandlungsansatzes (Warnke et al., 1998). Das Training ist integriert in einen biologisch-verhaltenstherapeutischen Therapieansatz, der ergänzt wird durch weitere therapeutische Behandlungsbausteine wie Sozialpädagogik, Motopädie, Ergotherapie, Heilpädagogik, spezielle Übungsbehandlungen (z.B. bei einer Teilleistungsstörung), Elternberatung und Elterntrainings sowie durch pädagogische Angebote.

Neben diesem teilstationären Setting ist ein solches Gruppentraining allerdings auch im vollstationären kinder- und jugendpsychiatrischen Behandlungssetting, im ambulanten psychotherapeutischen Bereich sowie im Bereich ambulanter, teilstationärer und stationärer Jugendhilfemaßnahmen durchführbar.

Insbesondere für das „Training sozialer Fertigkeiten" ist ein Gruppensetting zielführend, auch wenn einzelne Fertigkeiten im Einzelkontakt erarbeitet oder zwischen den Gruppensitzungen verfestigt werden können. Sowohl ausagierendes Verhalten als auch sozial unsicher-ängstliches Verhalten ist insbesondere an Gruppensituationen oder an für die Kinder und Jugendlichen fremde Situationen gebunden. Somit stellt die Gruppensituation eine realitätsnahe Bedingung dar und wird bereits zum therapeutischen Wirkmechanismus: Eine Generalisierung der erarbeiteten Fertigkeiten auf Alltagssituationen gelingt leichter, wenn die Fertigkeiten in einem möglichst alltagsnahen therapeutischen Setting erprobt werden.

1.2 Aufbau des Trainings

Das Training setzt sich aus zehn inhaltlichen Therapiebausteinen für die Kinder sowie aus drei Gruppenstunden für die Eltern zusammen. Die Grafik verdeutlicht schematisch den Aufbau, den Ablauf und die Einbettung des Trainings in einen multimodalen Behandlungsansatz (vgl. Abbildung 3).

1.2.1 Stunden mit den Kindern

Jeder der Bausteine für die Kinder wird in einer Therapiestunde behandelt. Jede Stunde umfasst 60 Minuten. Die Stunden finden wöchentlich statt. Da eine Zielgruppe des Trainings,

II Manual zum „Gruppentraining sozialer Fertigkeiten"

Abbildung 3: *Aufbau und Ablauf des Trainings*

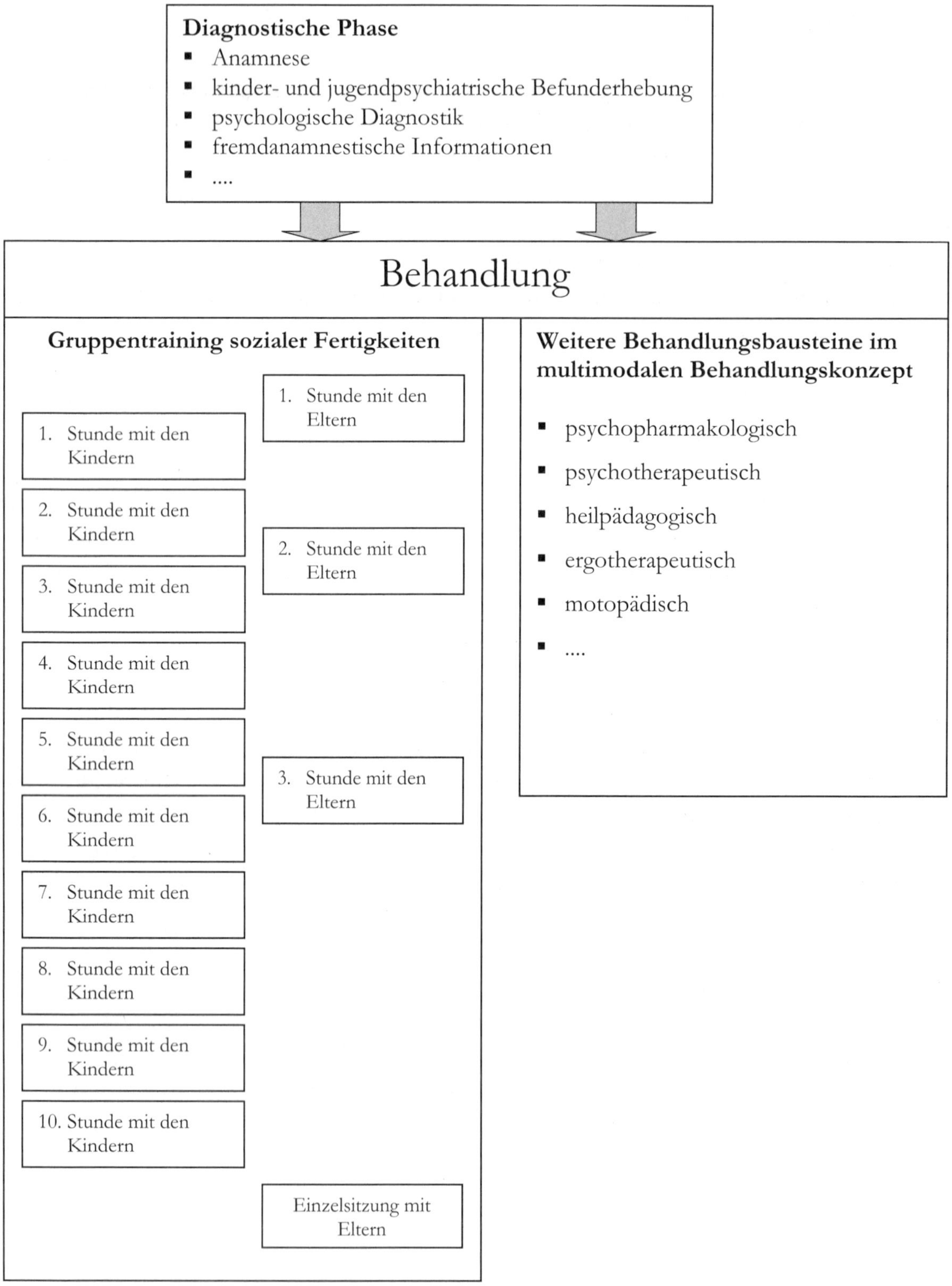

Diagnostische Phase
- Anamnese
- kinder- und jugendpsychiatrische Befunderhebung
- psychologische Diagnostik
- fremdanamnestische Informationen
- ....

Behandlung

Gruppentraining sozialer Fertigkeiten

- 1. Stunde mit den Kindern
- 2. Stunde mit den Kindern
- 3. Stunde mit den Kindern
- 4. Stunde mit den Kindern
- 5. Stunde mit den Kindern
- 6. Stunde mit den Kindern
- 7. Stunde mit den Kindern
- 8. Stunde mit den Kindern
- 9. Stunde mit den Kindern
- 10. Stunde mit den Kindern

- 1. Stunde mit den Eltern
- 2. Stunde mit den Eltern
- 3. Stunde mit den Eltern
- Einzelsitzung mit Eltern

Weitere Behandlungsbausteine im multimodalen Behandlungskonzept

- psychopharmakologisch
- psychotherapeutisch
- heilpädagogisch
- ergotherapeutisch
- motopädisch
- ....

1.2.1 Stunden mit den Kindern

nämlich Kinder mit einer hyperkinetischen Symptomatik, häufig ein geringes Durchhaltevermögen sowie Aufmerksamkeitsprobleme hat, ist eine zeitliche Begrenzung notwendig. Weiter ist es sehr hilfreich, wenn die Inhalte innerhalb einer Stunde immer wieder wechseln.

Thematisch ist das Training für die Kinder – wie in Tabelle 2 dargestellt – aufgebaut.

Tabelle 2: *Aufbau des Trainings für Kinder*

	Thema
1. Stunde	Kennenlernen und Einführung in das Training
2. Stunde	Kommunikation
3. Stunde	Gefühle
4. Stunde	Selbst- und Fremdwahrnehmung
5. Stunde	Beziehungsaufbau
6. Stunde	Wünsche und Bedürfnisse
7. Stunde	Beziehungen und Freundschaften pflegen
8. Stunde	Konfliktmanagement 1: Perspektivenaufnahme
9. Stunde	Konfliktmanagement 2: Stabilisierung neuer Verhaltensstrategien
10. Stunde	Konfliktmanagement 3 und Abschluss
weitere Sitzungen	Ergänzung: Weitere Themen

Der Ablauf jeder Sitzung ist, mit Ausnahme der ersten und der letzten Sitzung, immer gleich aufgebaut und beinhaltet folgende Elemente:

- Begrüßung der Kinder mit Begrüßungsritual
- Blitzlicht
- Kurze Wiederholung der letzten Stunde
- Kontrolle und Besprechung der Hausaufgaben
- Einführung in die neue Thematik
- Übungen zur neuen Thematik
- Hausaufgaben für die nächste Stunde
- Abschlussrunde

Für die Instruktion, die Anleitung u.Ä. sind im Manual Formulierungsvorschläge gemacht. Es handelt sich dabei um Vorschläge und Anregungen. Natürlich wird jeder Trainer das Programm nach seinem individuellen Stil gestalten. Die Inhalte sollten aber so beibehalten werden.

1.2.2 Stunden mit den Eltern

Die Elterngruppe ist ein integraler Bestandteil des „Gruppentrainings sozialer Fertigkeiten". Bevor die Kindergruppe zusammengestellt wird, wird in der Regel Kontakt zu den Eltern hergestellt. Bereits bei diesem Kontakt muss darauf hingewiesen werden, dass drei Elterntermine zu jeweils zwei Stunden Bestandteil der Gruppe sind. Es ist den Eltern zu vermitteln, dass sie durch die Teilnahme an den Elternterminen lernen, ihre Kinder in der Entwicklung sozial angemessener Verhaltensweisen zu unterstützen.

Die Termine müssen frühzeitig festgelegt werden, damit die Eltern entsprechend planen können. Dabei ist es wichtig, auf die Wünsche bzw. Möglichkeiten der Eltern einzugehen. Insbesondere Berufstätigkeit oder die Frage der Betreuung von Geschwisterkindern können Hindernisse für die Teilnahme an den Elternterminen darstellen. Es kann deshalb wichtig sein, die Elterntermine auf die Abendstunden zu legen oder für die Zeit der Elterntermine für eine Kinderbetreuung zu sorgen. Unterstützen Sie die Eltern dabei, mögliche Lösungen für Hindernisse zu finden. Manchmal kann es auch eine Vermeidungsstrategie darstellen, alle möglichen Gründe anzuführen, die einer Teilnahme entgegenstehen.

Die Elterngruppe stellt für die Eltern eine neue, möglicherweise auch ängstigende Situation dar. Gestalten Sie deshalb den Beginn freundlich, entängstigend. Begrüßen Sie die Eltern persönlich, stellen Sie Getränke bereit. Bereiten Sie Namensschilder vor, die Sie den Eltern zu Beginn aushändigen.

Wie bei den Kindern werden die Sitzungen mit den Eltern durch zwei Therapeuten/Trainer durchgeführt.

Den thematischen Aufbau der Elternsitzungen zeigt Tabelle 3.

Nach dem Training erhalten die Eltern die Möglichkeit eines Einzeltermins, der eventuell in eine weitere therapeutische Begleitung der Eltern münden kann (wenn dies nicht bereits parallel geschieht). In Gruppen sehen Eltern ihre ganz individuelle Problematik häufig nicht ausreichend berücksichtigt. Ein Termin mit den Eltern kann dazu dienen, individuelle Problembereiche anzusprechen und die Umsetzung der erarbeiteten Strategien mit den Eltern zu überprüfen und gegebenenfalls zu modifizieren.

1.3 Gruppengröße und Zusammensetzung der Gruppe

Die Gruppengröße für das Training sollte sechs Kinder nicht überschreiten. Grundsätzlich hängt die Gruppengröße allerdings von der Altersstruktur und der Grundproblematik ab. Gruppen, in denen mehr Kinder mit externalisierenden Störungen sind, sollten kleiner sein, da nur so die Kontrolle der einzelnen Gruppenmitglieder gewährleistet ist. Ist die Gruppe zu groß, können einige Inhalte, die von allen Gruppenmitgliedern der Reihe nach bearbeitet werden, zu lange dauern und damit Ursache von Störquellen sein. Bei zu kleiner Gruppengröße (unter vier Teilnehmern) können einige Übungen, v.a. Partnerübungen oder Rollenspiele, nicht mehr sinnvoll durchgeführt werden.

Kinder mit Defiziten in ihren sozialen Fertigkeiten stellen eine ausgesprochen inhomogene Gruppe dar. Wie aus dem Theorieteil ersichtlich wird, kann es sich dabei sowohl um unsicher-

Tabelle 3: *Thematischer Aufbau der Elternsitzungen*

	Thema
1. Sitzung	• Vorstellung der Trainer und Einleitung • Zielsetzung der Gruppe • Vorstellung der Teilnehmer • Abklären von Wünschen und Erwartungen • Informationsvermittlung zur Sozialen Kompetenz • Festlegung individueller Zielsetzungen
2. Sitzung	• Zusammenfassung der ersten Sitzung • Durchführung der Demonstrationsspiele • Auswertung der Demonstrationsspiele • Hausaufgabe
3. Sitzung	• Zusammenfassung der zweiten Sitzung • Definition zweckmäßiger Hilfen und Konkretisieren der Hilfen für den Einzelfall

vermeidende, ängstliche Kinder handeln oder aber um eher ausagierend-aggressive Kinder mit einem starken Mittelpunktstreben. Unserer Erfahrung nach ist es nicht notwendig, die Gruppenzusammensetzung bezüglich ihrer Störungen möglichst homogen zu gestalten. Viel wichtiger ist es, eine einigermaßen homogene Altersstruktur zu gewährleisten. In unserer Definition Sozialer Kompetenzen hatten wir insbesondere die Entwicklungsabhängigkeit sozialer Fertigkeiten herausgestrichen. Dies bedeutet auch, dass die Altersspanne nicht zu groß sein sollte. Ausschlaggebend ist allerdings nicht das biologische Alter, sondern eher das Entwicklungsalter. Es kann also durchaus sinnvoll sein, einen 12-jährigen lernbehinderten Jungen in eine ansonsten jüngere Altersgruppe zu integrieren. Eine Trennung nach dem Geschlecht ist nicht notwendig.

1.4 Ausstattung und Materialien

Das Training findet in einem ruhigen Raum statt, für den Zeitraum des Trainings muss dafür gesorgt werden, dass keine Störungen (z.B. durch Telefonate o.Ä.) auftreten. Alle Arbeitsmaterialien sind im Manual enthalten und können entweder kopiert oder direkt über die CD ausgedruckt werden. Die Arbeitsmaterialien sind mit Microsoft Power Point erstellt. Folgende Ausstattung muss darüber hinaus bereitgestellt werden:

- Videokamera
- Videorecorder mit Fernseher
- Flipchart oder Tafel mit entsprechenden Stiften
- Overhead-Projektor
- Drei bis vier Tücher
- Bundstifte und Papier
- Für jeden Teilnehmer zwei Mappen (eine Mappe bleibt bei den Trainern, hier werden alle Materialien eingeheftet. Die zweite Mappe ist explizit für die Hausaufgaben, in ihr werden also jeweils die aktuellen Hausaufgaben abgelegt).

Vor jeder Therapieeinheit befindet sich eine Checkliste der für diese Einheit benötigten Materialien und Arbeitsblätter.

Für die Eltern wurde ein kleines Handbuch erstellt. An Hand dieses Heftchens können die Eltern den Ablauf mitverfolgen und die einzelnen Übungen bearbeiten.

1.5 Therapeutenvoraussetzungen

Das Training ist sowohl mit den Kindern als auch mit den Eltern durch zwei Therapeuten durchzuführen. Dies gewährleistet die Möglichkeit, dass z.B. bei Zwischenfällen oder Störverhalten eines Gruppenteilnehmers ein Therapeut sich um ein einzelnes Kind kümmern kann, ohne dabei die Gruppe alleine lassen zu müssen. Beide Therapeuten müssen sich im Vorfeld der Durchführung mit den Materialien gut vertraut machen. Als Hilfestellung gibt es für jede Sitzung ein Blatt mit einer stichwortartigen Zusammenfassung der Sitzung. Dies soll den Therapeuten als „roter Faden" dienen, das eigentliche Manual sollte in der Sitzung nicht mehr nötig sein.

Zwischen den Therapeuten ist eine klare Absprache zu treffen, wer welche Therapieeinheit führend übernimmt. Dies kann durchaus innerhalb einer Sitzung wechseln. Der jeweils andere Therapeut nimmt in der Runde so Platz, dass er die Kinder im Auge hat und bei Störverhalten schnell eingreifen kann.

Die Therapeuten sollten mit den Grundkenntnissen verhaltenstherapeutischen Handelns vertraut sein. Weiter sind Kenntnisse in klinischer Psychologie, insbesondere hinsichtlich kinder- und jugendpsychiatrischer Störungsbilder, deren Diagnostik und Behandlungsmöglichkeiten unumgänglich. Für das Training wichtige therapeutische Strategien werden im nächsten Abschnitt gesondert dargestellt. Der Hinweis auf weiterführende Literatur ermöglicht es, sich mit den jeweiligen Strategien besser vertraut zu machen. Die Durcharbeitung des ersten Teils des Manuals (Theorie) ist für das Verständnis des Manuals unumgänglich, da dieser wesentliche theoretische Grundlagen beinhaltet. Als Grundvoraussetzung sollten die Therapeuten eine Ausbildung als Erzieher, Sozialpädagoge, Diplompädagoge, Heilpädagoge oder Psychologe haben.

Grundlegende Therapeutenkompetenzen sind ein wohlwollendes aber konsequentes Umgehen mit den Kindern. Insbesondere ist die Modellrolle der Therapeuten immer zu berücksichtigen. Das Einhalten der Gruppenregeln, pünktliches Beginnen der Gruppen, gute Vorbereitung und ein „sozial kompetentes" Umgehen der Therapeuten miteinander sind wesentliche Grundbausteine für das Gelingen. In der Kommunikation mit den Gruppenteilnehmern müssen bei Aufgaben die Anweisungen klar und präzise sein („Könntest du bitte...?" lässt den Gruppenteilnehmern die Möglichkeit offen, die Anweisung nicht zu befolgen, ohne sie im eigentlichen Sinne zu verweigern, z.B. „Nein danke, ich könnte nicht!").

1.6 Therapeutische Strategien

Das Training sozialer Fertigkeiten vereint eine ganze Reihe therapeutischer Strategien, insbesondere aus der Verhaltenstherapie. Diese Strategien können hier nur angerissen werden, eine Vertiefung ermöglichen die unten angeführten Standardwerke für die verhaltenstherapeutische Arbeit mit Kindern. Etwas detaillierter wird das videogestützte Rollenspiel vorgestellt.

Basis der therapeutischen Strategien, die im Gruppentraining sozialer Fertigkeiten zum Einsatz kommen, sind insbesondere die Lerntheorien, hier v.a. die Lerntheorie der *operanten Konditionierung* und die *sozialen Lerntheorien*.

Wie bereits eingangs erwähnt, können mangelnde soziale Fertigkeiten als fehlgeschlagene Lernprozesse betrachtet werden.

Kernparadigma der operanten Konditionierung ist, dass die einem Verhalten nachfolgenden Bedingungen (Konsequenzen) verhaltenssteuernd wirken. Konsequenzen, welche die Häufigkeit oder die Intensität eines Verhaltens erhöhen, werden als Verstärker bezeichnet. Konsequenzen, welche die Häufigkeit oder Intensität eines Verhaltens verringern, werden als (direkte oder indirekte) Bestrafung bezeichnet. Zielsetzung ist es, angemessenes soziales Verhalten durch verstärkende Konsequenzen aufzubauen und negative Verhaltensweisen abzubauen. Insbesondere Verstärkerpläne (Kontingenzmanagement), aber auch positive Rückmeldungen durch die Eltern oder Therapeuten und konkrete Übungen, in denen die erwarteten negativen Konsequenzen nicht auftreten, basieren auf dieser Lerntheorie.

Als operante Methode kommt in der Arbeit sowohl mit den Kindern als auch mit den Eltern den Strategien des *Prompting* eine große Bedeutung zu. Unter Prompting werden verbale oder „handlungsmäßige" Unterstützungen und Hilfestellungen in Richtung eines Zielverhaltens verstanden. Insbesondere verbale Hilfestellungen („Was hättest du hier tun können?"/„Was hätte Ihrem Kind hier geholfen?") bieten die Möglichkeit, die Kinder und die Eltern bei der Entwicklung von Handlungsstrategien zu unterstützen.

In den *sozialen Lerntheorien* werden Lernprozesse durch Beobachtung und Imitation (Lernen am Modell) in den Mittelpunkt gestellt. Demnach werden unter bestimmten (kognitiven, emotionalen, motivationalen) Voraussetzungen Verhaltensweisen durch Nachahmung angeeignet oder bestehende Verhaltensweisen modifiziert.

Wesentlich bei dieser Form der Verhaltensveränderung ist nach Bandura (1977) die Selbstwirksamkeitserwartung als kognitive Komponente. Dies bedeutet die Erwartung, mit einem Verhalten einen erwünschten Effekt erzielen zu können. Hier spielt zum einen die *Wirksamkeitserwartung* eine Rolle. Darunter wird die Erwartung verstanden, die Kompetenzen zu besitzen, ein Verhalten ausführen zu können. Weiter spielt die *Ergebniserwartung* eine wesentliche Rolle, die Erwartung also, dass ein bestimmtes Verhalten auch zu einem bestimmten Ziel führt. In der Trainingsgruppe sozialer Fertigkeiten sind sowohl die Wirksamkeitserwartung als auch die Ergebniserwartung der Kinder und der Eltern zu erhöhen. Insbesondere müssen sich die Trainer ihrer Modellrolle bewusst sein und diese therapeutisch nutzen.

Auch kognitive Strategien wie die *Selbstinstruktion* und *Selbstkontrollverfahren* finden Eingang in das Training. Beim Selbstinstruktionstraining wird die Entwicklung handlungsbegleitender Verbalisationen zunächst modellhaft vom Therapeuten demonstriert und dann in Form von Selbstanweisungen für das Kind entwickelt („Was könntest du in dieser Situation zu dir sagen?").

Selbstkontrollverfahren beinhalten eine Festlegung von Zielverhalten und die Beobachtung, Registrierung und Selbstverstärkung durch das Kind.

Therapeutische Hausaufgaben stellen einen weiteren strategischen Schwerpunkt des Trainings sowohl mit den Kindern als auch mit den Eltern dar. Damit werden die in den Sitzungen angebahnten Verhaltensveränderungen auf den Alltag (Elternhaus, Schule etc.) übertragen und auf ihre Tragfähigkeit hin überprüft. Hausaufgaben haben allerdings nur dann einen therapeutischen Effekt, wenn deren Kontrolle auch sichergestellt ist. Weiter ist darauf zu achten, dass durch die Hausaufgaben keine Überforderungssituation entsteht und damit Misserfolgserlebnisse generiert werden.

Eine Kernstrategie im Training sozialer Fertigkeiten ist das *videounterstützte Rollenspiel*. Das Rollenspiel an sich stellt nach Linderkamp (2001) eine Form des natürlichen kindlichen Spieles dar. Im Verlaufe der Entwicklung verändert sich das Sozialspiel zunächst vom Parallelspiel ohne Blickkontakt über ein kooperatives „Als-ob-Spiel" hin zum komplexen sozialen Rollenspiel. Hier werden zunehmend verschiedene Handlungsschemata erworben, es bildet sich Einfühlungsvermögen gegenüber anderen aus, die Kinder beginnen, sich in die Rolle anderer hineinzuversetzen und erproben verschiedene soziale Rollen. Das Schema eines Rollenspieles im Grundschulalter beinhaltet im Vergleich zum Vorschulalter ein differenzierteres Verhaltensrepertoire.

Das Rollenspiel ermöglicht es, (neue) Verhaltensweisen unter geschützten Bedingungen zu erproben und somit das Verhaltensrepertoire zu erweitern. Bei der Arbeit mit der Videokamera entsteht darüber hinaus die Möglichkeit, sich selbst zu beobachten, sein Verhalten zu reflektieren und seine Selbstwirksamkeit zu überprüfen.

Folgende Schritte sind zu berücksichtigen:

- *Aufwärmen mit der Kamera*
  Zu Beginn der Arbeit mit einer Videokamera in einer Gruppe ist es wichtig, die Kinder mit dem neuen Medium vertraut zu machen. Manche haben vielleicht eine Kamera zu Hause und kennen den Umgang bereits. Klären Sie im Vorfeld ab, welche Kinder über Erfahrungen verfügen. So können Sie gezielter auf einzelne „Neulinge" eingehen und erfahrenere Kinder mit einbeziehen.
  Führen Sie Vorübungen durch. Mit den Vorübungen soll erreicht werden, dass die Kinder bei den ersten gezielten Übungen weniger gehemmt im Spielverhalten sind. Eine gewisse Vertrautheit erleichtert auch die gezielte Auswertung der späteren Videosequenzen.

1.6 Therapeutische Strategien

Als Einführungsmöglichkeit können Sie die Kinder einen Film ihrer Wahl erstellen lassen. Legen Sie mit der Gruppe ein Thema fest und besprechen Sie ein Drehbuch. Nutzen Sie Vergleiche zu „richtigen Drehaufnahmen" für „echte Kinofilme". Verteilen Sie Rollen an die Kinder und besprechen Sie die einzelnen Aufgaben und Charaktere. Bestimmen Sie mit der Gruppe einen Regisseur und einen Kameramann. Verkleidungsutensilien können den Kindern bei der Übernahme einer Rolle helfen. Sind überwiegend ängstliche oder auch sehr unstrukturierte Kinder dabei, ist es sinnvoll, sich ein kleines Drehbuch zu überlegen, das an die Gruppe verteilt wird.

- *Planung der Szenenabfolge*
  Die erste Spielsituation einer Gruppe sollte nicht überfordernd sein. Stellen sie die Aufgabe so, dass die Kinder der Gruppe sie auch mit ihren Kenntnissen lösen können. Schreiben Sie die Situation auf ein Arbeitsblatt. Verteilen Sie diese an die Kinder. *Lesen* Sie die *Aufgabe* gemeinsam durch. *Überprüfen* sie, ob die Kinder *den Inhalt* des Textes verstanden haben. Erst, wenn Sie den Eindruck haben, der Inhalt wurde erfasst, gehen Sie zum nächsten Schritt über. Gestalten Sie nun mit den Kindern den *Ort der Spielsituation*. Nutzen Sie Gegenstände des Raumes oder wenn möglich, begeben Sie sich in eine Realsituation (z.B. Sportplatz oder Spielzimmer). Verteilen Sie nun die Rollen. Legen Sie zuerst die Hauptrolle fest, dann die Nebenrollen. Verstärken Sie den Mut der Kinder, sich zu trauen, eine Hauptrolle zu spielen. Möglichst viele Kinder sollen in einer Nebenrolle mitspielen können. Gibt es nicht genügend Spieler in einer Situation, dann vergeben Sie Beobachterrollen mit gezielten Aufgaben. Beispielsweise: „Du achtest einmal besonders auf den Blickkontakt." „Eine Aufgabe ist es, zu schauen, ob er/sie die Aufgabenstellung beachtet." usw. Besprechen Sie mit der Gruppe auch, dass später die Rollen einmal getauscht werden. So erfüllt sich auch die Aufgabe, die Perspektiven eines anderen kennen zu lernen.

- *Aufzeichnung bzw. Durchführung des Rollenspiels*
  Der Kameramann (Sie selbst oder ein Kind) gibt das Startzeichen. Ihre Aufgabe ist es, die Situation zu coachen. Unterstützen und steuern Sie die Situation, indem Sie Hilfestellungen geben bzw. Verhaltensmöglichkeiten soufflieren. Z.B. „Sprich etwas lauter." „Schaue den anderen an." „Du kannst das auch so... sagen." – wenn jemand gar nicht mehr weiter kommt. Wichtig ist, dass Sie auch bei Frustrationen die Motivation erhalten und so einen Erfolg für das Kind herstellen. Bewerten Sie Szenen, die gut gelungen sind, bewusst positiv.

- *Auswertung der Aufzeichnung*
  Besprechen Sie zuerst die Situation sofort nach der Aufzeichnung. Befragen Sie zuerst den Hauptdarsteller nach seinen Empfindungen. Loben Sie ihn noch einmal für seinen Einsatz und Mut („Was meinst du, wie dir die Aufgabe gelungen ist?" „Bist du stolz, das geschafft zu haben?" „Hättest du etw. bzw. was hättest du anders machen können?"). Fragen Sie dann die anderen Kinder nach ihren Beobachtungen in der veränderten Form („Was ist euch aufgefallen?" „Meint ihr, (Name) hat die Aufgabe gut gelöst?" „Was hätte (Name) anders machen können?"). Lassen Sie jedes Kind kurz etwas dazu beitragen.

Wichtig ist, dass Sie neben dem Lob auch detaillierte Rückmeldung über Ihre Beobachtungen in Bezug auf die Aufgabenerfüllung geben (Kommunikationsregeln, Inhalt, Satzbau usw.).

Schauen Sie dann die Sequenz an und geben Sie noch einmal die Beobachtungsaufträge bekannt – Aufgabenstellung, Blickkontakt, Freundlichkeit usw. Befragen Sie danach die Kinder in der bereits gewohnten Weise.

Anschließend ist es sinnvoll, zumindest ein weiteres Mal die Situation mit vertauschten Rollen aufzuzeichnen und die Kinder daraufhin ebenso über ihre Beobachtungen zu befragen und danach, was sich für den Einzelnen dann verändert hat.

Für einen differenzierteren Einblick in verhaltenstherapeutische Strategien bei der Arbeit mit Kindern und Jugendlichen sei auf folgende Literatur hingewiesen:

Lauth, G., Brack, U. & Linderkamp, F. (Hrsg.). (2001). *Verhaltenstherapie mit Kindern und Jugendlichen: Praxishandbuch*. Weinheim: PVU.

Petermann, F. (Hrsg.). (2003). *Kinderverhaltenstherapie: Grundlagen und Anwendungen* (zweite, überarbeitete Auflage). Hohengehren: Schneider.

Borg-Laufs, M. (Hrsg.). (2001). *Lehrbuch der Verhaltenstherapie mit Kindern und Jugendlichen. Band II: Interventionsmethoden*. Tübingen: dgvt-Verlag.

---

2 Durchführung der Stunden mit den Kindern

2.1 Kurzanleitung zur Anwendung des Trainings

Vorbereitung der Trainer
- Machen Sie sich zunächst mit dem Training vertraut.
- Bevor Sie mit der ersten Stunde beginnen, achten Sie zunächst auf die Checkliste. Bereiten Sie Ihr Arbeitsmaterial vor, indem Sie notwendige Arbeits- und Hausaufgabenblätter für alle Gruppenmitglieder und eventuell auch für Sie kopieren. Die Checkliste dient Ihnen für jede Stunde als Übersicht über das Arbeitsmaterial und die Ausstattung.
- Alle notwendigen Materialien sind als Kopiervorlage der Stunde beigefügt.
- Der Leitfaden dient Ihnen als „Spickzettel", damit Sie während der Stunde eine kleine Hilfestellung für den Ablauf haben.
- Sollten vorgegebene Arbeitsblätter oder Spiele für Ihre Gruppe nicht sinnvoll sein, haben Sie die Möglichkeit weitere Vorschläge zu den einzelnen Stunden im Anhang zu finden.
- Jedes Gruppenmitglied sollte eine Arbeitsmappe besitzen, in der Vertrag, Arbeitsblätter, Hausaufgaben usw. eingeheftet werden. Weiterhin benötigt jedes Kind eine Klarsichthülle/Mappe für die Hausaufgabenblätter. Es ist sinnvoll, die Arbeitsmappen bei den Trainern aufzubewahren, so können Sie sicher gehen, dass alle Kinder ihr Arbeitsmaterial dabei haben. Lediglich das Hausaufgabenblatt wird mit nach Hause gegeben.

2.1 Kurzanleitung zur Anwendung des Trainings

Zu den einzelnen Symbolen:
Auf manchen Kopiervorlagen finden Sie das Symbol ✂. Dies bedeutet: ausschneiden. Wenn Sie die Kopiervorlagen z.B. für das „Gefühls-Memory" vorher auf einen Karton kleben, können Sie das Spiel immer wieder verwenden. Die Ausgestaltung bleibt Ihnen überlassen.

A-K bedeutet: Arbeitsblatt Kinder
A-E bedeutet: eine bestimmte Seite im Elternarbeitsbuch

A-K/E

F-K bedeutet: Folie Kinder
F-E bedeutet: Folie Eltern

F-K/E

S bedeutet: Spiel

S

H-K bedeutet: Hausaufgabenblatt Kinder

H-K

Bedeutet: Flip-Chart

Im Anhang finden Sie zu einzelnen Stunden noch alternative und ergänzende Arbeitsblätter.

2.2 Durchführungsanleitungen für die Stunden mit den Kindern

In Tabelle 4 finden Sie die konkrete Durchführungsanleitung für die einzelnen Stunden.

Tabelle 4: *Durchführungsanleitungen*

	Thema
1. Stunde	Kennenlernen und Einführung in das Training
2. Stunde	Kommunikation
3. Stunde	Gefühle
4. Stunde	Selbst- und Fremdwahrnehmung
5. Stunde	Beziehungsaufbau
6. Stunde	Wünsche und Bedürfnisse
7. Stunde	Beziehungen und Freundschaften pflegen
8. Stunde	Konfliktmanagement 1: Perspektivenübernahme
9. Stunde	Konfliktmanagement 2: Aufbau von Lösungsstrategien
10. Stunde	Konfliktmanagement 3: Generalisierung
Weitere Sitzungen	Weitere Themen

Stunde 1: Kennenlernen und Einführung in das Training

Leitfaden für die erste Stunde

Grobstruktur	Inhalt	Arbeitsmaterialien
1. Begrüßung und Vorstellung der Trainer		
2. Kennenlernen der Gruppenmitglieder	- Kennenlernspiel	- Evtl. Namensschilder
3. Einführung in die Zielsetzung der Gruppe	- Vermittlung allgemeiner positiv formulierter Zielsetzungen	- Folie „Ziele der Gruppe" (F-K-1)
4. Vermittlung der Gruppenregeln und Austeilen der Arbeitsmappen	- Gruppenregeln - Eventuelle Erweiterung der Regeln - Austeilen und Beschriften der Arbeitsmappen	- Flip-Chart - Arbeitsblatt „Gruppenregeln" (A-K-1-1) - Arbeitsmappen und Klarsichtfolien
5. Vermittlung der zeitlichen Struktur der Gruppensitzungen	- Termine	- Flip-Chart - Arbeitsblatt „Mein Arbeitsheft"→Termine (A-K-1-2)
6. Austeilen und Ausfüllen der Verträge		- Arbeitsblatt „Vertrag" (A-K-1-3)
7. Einführung in die Hausaufgaben		- Hausaufgabenblatt „Ziele" (H-K-1)
8. Verabschiedung	- Einführung in und Durchführung des Abschiedsrituals	

Bitte nicht stören!

Arbeitsmaterial zu „Stunde 1" aus:
Norbert Beck, Silke Cäsar & Britta Leonhardt. *Training sozialer Fertigkeiten mit Kindern im Alter von 8 bis 12 Jahren.* © by dgvt-Verlag, 2005.

Stunde 1: Kennenlernen und Einführung in das Training

Inhalte und Zielsetzung der Sitzung im Überblick

In der ersten Sitzung sollen die Teilnehmer die Trainer und die einzelnen Gruppenmitglieder kennen lernen. Sie werden mit den Rahmenbedingungen der Gruppe sowie mit den Gruppenregeln vertraut gemacht. Gruppenregeln sind eine zentrale Voraussetzung für ein geeignetes Arbeitsklima. Es dürfen nur wenige, dafür aber prägnante und kurz gefasste Regeln sein. Weiter wird die zeitliche Struktur des Gruppenangebotes besprochen.

Die Teilnehmer erhalten ihren Vertag über die Teilnahme an der Gruppe.

Ein wesentlicher Bestandteil ist die Vermittlung der Zielsetzung. Zu verdeutlichen ist, dass möglicherweise jeder unterschiedliche Zielsetzungen hat, bestimmte Fertigkeiten aber dabei helfen können, diese Ziele zu erreichen. Eine Bestimmung der eigenen Zielsetzung der Gruppenteilnehmer ist wichtig für die Mitarbeit der Kinder. Ohne eigene Zielsetzung haben sie das Gefühl, etwas „verordnet" zu bekommen. Untersuchungen haben gezeigt, dass eine eigene Zielbestimmung und die Berücksichtigung eigener Modellvorstellungen über die Entstehung von sozialen Defiziten die Effektivität von Sozialen Kompetenztrainings erhöhen. Eine Zielbestimmung durch die Kinder ermöglicht auch eine bessere Zielkontrolle am Ende der therapeutischen Maßnahme.

Am Ende der Sitzung werden die Teilnehmer mit der Hausaufgabe vertraut gemacht.

Checkliste: *Ausstattung und Materialien*

Ausstattung	Materialien
• Stühle (Anzahl der Teilnehmer + 2) • Overhead-Projektor • Flip-Chart mit entsprechenden Stiften • Filzstifte für alle Teilnehmer • Heftzwecken oder Tesafilm	• Leitfaden für den Therapeuten • Schild „Bitte nicht stören" • Namensschilder für die Teilnehmer (nur für Gruppen, deren Teilnehmer sich noch nicht kennen) • Arbeitsblatt „Gruppenregeln" (A-K-1-1) • Arbeitsblatt „Termine" (A-K-1-2) • Arbeitsblatt „Vertrag" (A-K-1-3) • Folie „Ziele der Gruppe" (F-K-1) • Hausaufgabenblatt „Ziele" (H-K-1) • Mappe für jeden Teilnehmer • Klarsichtfolien

Durchführung

1) Begrüßung und Vorstellung der Trainer

Beginnen Sie die erste Sitzung erst, wenn alle Teilnehmer anwesend sind. Hängen Sie das Schild „Bitte nicht stören" an die Tür, begrüßen Sie die Teilnehmer und loben Sie die Gruppenteilnehmer für ihr Erscheinen. Beginnen Sie auf alle Fälle selbst mit der Begrüßung, Sie sind den Gruppenteilnehmern dadurch Modell. Die Begrüßung und die Vorstellung der Therapeuten hängen davon ab, ob ihnen die Kinder und Jugendlichen bereits bekannt sind (z.B. im teil- oder vollstationären Setting) oder ob es sich um eine neu zusammengestellte Gruppe handelt.

> *Trainer A:* Wir möchten euch heute zu unserer gemeinsamen Gruppe begrüßen. Wir werden in den nächsten Wochen zusammenarbeiten, um Möglichkeiten zu lernen, wie man besser mit anderen Kindern (Jugendlichen) oder auch mit Erwachsenen klarkommt. Ihr seid vielleicht schon gespannt, was in dieser Gruppe passiert. Manche hatten vielleicht auch etwas Angst. Jedenfalls freuen wir uns, dass ihr gekommen seid. Mein Name ist_____ und ich arbeite hier als _____.
>
> *Trainer B:* Mein Name ist _____, ich arbeite hier als_____ und werde mit meinem Kollegen diese Gruppe hier leiten. Wir wollen jede Stunde ein Thema in den Mittelpunkt stellen und dazu Übungen machen. Wir werden euch das alles noch ganz genau erklären. Habt ihr denn noch Fragen an uns?

Beantworten Sie die Fragen möglichst kurz, bei Fragen zum Training verweisen Sie auf spätere Sitzungen.

2) Kennenlernen der Gruppenmitglieder

> *Trainer A:* Nachdem wir uns vorgestellt haben, möchten wir natürlich auch euch kennen lernen. Damit ihr euch eure Namen einprägen könnt, muss jeder für sich ein Namensschild machen. Dann wird es auch leichter für uns, sich die Namen zu merken.

Teilen Sie die Namensschilder aus und lassen Sie jedes Gruppenmitglied ein Namensschild schreiben und anstecken (für Gruppen, deren Teilnehmer sich bereits kennen, ist dies nicht notwendig).

> *Trainer B:* Wir möchten von euch natürlich noch etwas mehr erfahren als nur eure Namen. Dazu machen wir ein Spiel. Setzt euch bitte so, dass sich jeweils zwei Gruppenmitglieder gegenübersitzen. Jetzt soll jeder dem anderen etwas über sich erzählen, z.B. wie alt er ist, welche Hobbys er hat, welche Schule er besucht und so weiter. Der andere kann auch Fragen stellen, was ihn noch interessiert. Anschließen werden wir der Gruppe mitteilen, was wir von unserem Partner erfahren haben. Habt ihr noch Fragen?

Instruieren Sie die Gruppe, indem Sie in das Kennenlern-Spiel ein- und es danach durchführen. Ist die Anzahl der Gruppenteilnehmer ungerade, so stellt sich ein Trainer als Spielpartner zu Verfügung. Ist die Anzahl der Gruppenmitglieder gerade, sodass jeweils zwei Gruppenmitglieder ein Paar bilden können, führen die beiden Trainer das Spiel für sich durch.

Nachdem die Paare das Interview durchgeführt haben, stellen Sie zwei Stühle in die Mitte des Stuhlkreises. *Beginnen Sie als Trainer* mit der Vorstellung entweder ihres Trainingspartners oder ihres Partners aus den Reihen der Gruppenmitglieder. Damit dienen Sie den anderen Gruppenteilnehmern als Modell. Unterstützen Sie die Gruppenteilnehmer, wenn es ihnen schwer fällt, ihren Partner vorzustellen oder sie stocken („Was hast du denn noch von X erfahren?"). Loben Sie jeden Gruppenteilnehmer, nachdem er seinen Partner vorgestellt hat.

> *Weitere Anregungen für Kennenlern-Spiele finden Sie in:*
>
> Böhner, Th. (2000). *Spiele, die Beziehung knüpfen: Für kreative Spiel- und Theatergruppen.* München: Don Bosco Verlag.
>
> Fritz J. (1997). *Selbsterfahrungsspiele für Jugendliche und Erwachsene.* Mainz: Matthias-Grünewald-Verlag.

3) Einführung in die Zielsetzung der Gruppe

Bei der Vermittlung der Gruppenziele ist besonders darauf zu achten, dass die Ziele positiv formuliert werden. Es geht darum, den Gruppenmitgliedern zu verdeutlichen, was ihnen durch das Training *besser gelingen könnte* (prosoziales Verhalten) und nicht, was sie dann vielleicht nicht mehr tun. Diese Unterscheidung ist sehr wichtig, da die Grundlage des Trainings der *Aufbau* sozialer Fertigkeiten ist.

> *Trainer A:* Nachdem wir uns jetzt etwas kennen gelernt haben, möchte ich mit euch über die Ziele unserer Gruppe sprechen. Ihr wisst alle, dass jeder Sportler für seine Sportart sehr lange und hart trainieren muss. Genauso ist es manchmal für das Zurechtkommen mit den Eltern, Klassenkameraden oder Freunden. Wie man Freunde gewinnt, wie man sich etwas zu sagen traut, wie man Streit löst oder sagt, was man möchte, gelingt nicht immer gleich gut. Aber man kann es lernen! Stellt euch einen Basketballspieler vor, der mit einem super Wurf den Ball im Korb versenkt. Was glaubt ihr, wie ihm das gelungen ist.

Sammeln Sie Ideen der Gruppenteilnehmer. Ziel ist es, zu vermitteln, dass eine sportliche Leistung nur durch viel Übung zustande kommt. In gleicher Weise wie man im Sport üben muss gewinnt man Soziale Kompetenz durch das Üben sozialer Fertigkeiten. Lenken Sie die Antworten in diese Richtung (Prompten!).

(Antwortet ein Gruppenmitglied z.B., dass Sportler einfach begabt sind, können Sie folgendermaßen reagieren: „Das ist richtig, besonders gute Sportler bringen oft eine besondere Begabung mit. Aber was glaubst du, muss dieser Sportler tun, damit er so gut bleibt oder besser wird?"

> *Trainer B:* Ganz genau, Sportler müssen viel trainieren. Genau so wie ein Sportler verschiedene Techniken seiner Sportart immer wieder trainieren muss, so möchten wir hier bestimmte soziale Fertigkeiten im Umgang mit anderen Menschen und mit Situationen, die schwer fallen, trainieren. Was glaubt ihr könnte man denn im Umgang mit Menschen trainieren?

Holen Sie Ideen aus der Gruppe ein und schreiben Sie diese auf das Flip-Chart oder an die Tafel. Achten Sie darauf, dass die genannten Verhaltensweisen positiv formuliert werden. Unterstützen Sie die Kinder und Jugendlichen bei der positiven Formulierung (Ein Gruppenteilnehmer führt z.B. an, „man könnte üben, nicht mehr so oft in Streit zu geraten." „Ja, das ist eine gute Übung. Aber was müsstest du trainieren, um nicht mehr so oft in Streit zu geraten? ... Man müsste üben, Meinungsverschiedenheiten anders auszudrücken!")

F-K-1

Nachdem Sie einige Ideen aufgeschrieben haben, fassen sie diese zusammen. Legen Sie die Folie „Ziele der Gruppe" auf.

> *Trainer B:* Ihr habt jetzt einige Punkte gefunden, die man üben könnte. Dies soll auch der Inhalt unserer Gruppe sein. Ich versuche, eure Vorschläge zusammenzufassen. Wir wollen also üben...
> - wie wir besser miteinander reden können
> - wie wir Streit besser lösen können
> - wie wir uns mehr trauen können

Vermitteln Sie den Gruppenteilnehmern im nächsten Schritt, dass ein Sportler das Trainierte im eigentlichen Wettkampf ausprobieren muss. In gleicher Weise müssen die in der Gruppe geübten Strategien in der Realität gefestigt werden.

> *Trainer A:* So wie jeder Sportler das, was er im Training geübt hat, im Spiel ausprobieren muss, müssen auch wir die Sachen, die wir hier üben, immer wieder zwischen den Stunden ausprobieren. Wir wollen also nicht nur hier in der Gruppe üben, sondern auch zwischen den Stunden.
> Habt ihr dazu noch Fragen?

4) Vermittlung der Gruppenregeln und Austeilen der Arbeitsmappen

> *Trainer A:* So wie es für jede Sportart Regeln gibt, ist es für jede Gruppe wichtig, dass Gruppenregeln bestehen, damit man gut zusammenarbeiten kann. Wir haben einige Regeln zusammengestellt, die ich jetzt auf ein Blatt schreibe. Danach überlegen wir, ob ihr vielleicht noch wichtige Regeln aufstellen möchtet.

Die Gruppenregeln werden auf das Flip-Chart oder ein Plakat geschrieben und für jede Sitzung sichtbar aufgehängt. Bei Verstößen gegen die Gruppenregeln können Sie dann auf diese Regeln verweisen. Erläutern Sie die Regeln kurz und fragen Sie nach, ob die Gruppenteilnehmer die Regeln verstanden haben. Im Anschluss besprechen Sie noch mögliche Ergänzungen seitens der Gruppenmitglieder. Ergänzen Sie die Regeln um maximal zwei Regeln und achten Sie darauf, dass die Kinder dazu neigen, selbst recht „harte" Regeln aufstellen. Achten Sie darauf, dass die Regeln sehr einfach formuliert sind.

> *Trainer B*: Wir haben die Gruppenregeln jetzt hier aufgeschrieben und werden dieses Blatt bei jedem Treffen aufhängen. Damit jeder die Regeln für sich selbst hat, haben wir die Regeln noch mal auf ein Blatt geschrieben. Dieses Blatt ist das erste Blatt in eurem Arbeitsheft, das wir euch jetzt austeilen. In diesem Heft werden alle wichtigen Blätter für die nächsten Stunden abgeheftet. Schlagt bitte Seite 1 auf. Ihr findet unten noch Platz, um die zusätzlichen Regeln einzutragen.

A-K-1-1

Teilen Sie das Arbeitsblatt „Gruppenregeln" sowie die Mappen aus und achten Sie darauf, dass die Gruppenteilnehmer eventuell ergänzende Regeln eintragen. Kinder oder Jugendliche, die auf Grund einer Teilleistungsstörung oder einer beeinträchtigten kognitiven Leistungsfähigkeit Schwierigkeiten mit dem Schreiben haben, benötigen möglicherweise Unterstützung. Dies gilt für alle schriftsprachlichen Anforderungen im Rahmen der Gruppe. Im Vorfeld sollte deshalb durch die Diagnostik z.B. eine Legasthenie abgeklärt werden.

5) Vermittlung der zeitlichen Struktur der Gruppensitzungen

Um der Gruppe die Termine für die Sitzungen mitzuteilen, müssen Sie als Trainer die Termine zuvor festlegen. Günstig ist ein Höchstmaß an Regelmäßigkeit, d.h. immer am gleichen Wochentag und zur gleichen Uhrzeit. Manchmal ist dies allerdings nicht realisierbar. Berücksichtigen Sie Feiertage und Urlaubszeiten schon im Vorfeld, kurzfristige Veränderungen sind ungünstig. Das Training ist auf zehn Sitzungen ausgelegt.

> *Trainer A*: Als nächstes müssen wir festlegen, wann wir uns immer treffen. Wir wollen uns jeden (Wochentag) um (Uhrzeit) hier treffen. Ich schreibe die Termine auf. Damit ihr die Treffen nicht vergesst, habe ich hier einen Zettel, auf dem ihr die Zeiten eintragen könnt. Bitte übertragt die Zeiten auf diesen Zettel. Am Ende jeder Zeile ist noch Platz, da werden wir immer unterschreiben, wenn ihr teilgenommen habt.

Schreiben Sie die Termine auf das Flip-Chart oder an die Tafel. Teilen Sie das Arbeitsblatt „Mein Arbeitsheft" (Termine) aus, lassen Sie die Zeiten übertragen und das Blatt ebenfalls abheften. Falls ein Gruppenteilnehmer bereits jetzt absehen kann, dass er an einem Termin nicht teilnehmen kann, notieren Sie sich dies.

Können mehrere Teilnehmer an einem bestimmten Termin nicht, verlegen Sie die Gruppensitzung. Bei Gruppen im ambulanten Setting sollten Sie unbedingt Ihre Telefonnummer mitteilen, damit Sie erreichbar sind, falls z.B. ein Kind krank ist und die Eltern einen Termin absagen müssen.

A-K-1-2

6) Austeilen und Ausfüllen der Verträge

Vermitteln Sie, dass diese Gruppe nur funktionieren kann, wenn alle Mitglieder auch die Verpflichtung zur Teilnahme eingehen. Der schriftliche Vertag soll die Verbindlichkeit der Gruppe signalisieren.

> *Trainer B*: Immer wenn Menschen zusammenarbeiten so wie wir das hier tun wollen, funktioniert das nur, wenn man sich gegenseitig verpflichtet, die Regeln einzuhalten und gut mitzuarbeiten. Wir wollen das durch einen Vertrag über unsere Zusammenarbeit deutlich machen. Wir haben für jeden von euch einen Vertrag vorbereitet, auf dem ihr euch verpflichtet, regelmäßig an der Gruppe teilzunehmen, pünktlich zu kommen und sich an die Gruppenregeln zu halten. Ich teile diese Verträge jetzt aus, tragt eure Namen ein und unterschreibt. Dann werden wir den Vertrag auch unterschreiben. Ihr heftet den Vertrag danach in die Mappe.

Teilen Sie die Verträge aus und lassen Sie diese mit dem Namen ausfüllen und unterschreiben. Möglicherweise kommen zu den Verträgen negative Kommentare wie „... das ist doch kindisch" o.Ä. Diskutieren Sie nicht, sondern bleiben Sie konsequent. („Auch wenn es dir kindisch erscheint, fülle den Vertrag trotzdem aus, es ist wichtig für uns.").

A-K-1-3

Sollte ein Gruppenteilnehmer sich weigern, den Vertag zu unterschreiben, fragen Sie nach den Bedenken oder Gründen dafür. Lassen sie sich aber nicht auf eine Diskussion und eine Gegenargumentation ein. V.a. bei Kindern und Jugendlichen mit externalisierendem Problemverhalten ist es manchmal eine habituierte Reaktion, zunächst eine Aufgabenstellung zu verweigern. Vielleicht ist das Kind mit der Gruppe auch noch zu wenig vertraut, um sich in dieser Form darauf einzulassen. Reagieren sie etwa folgendermaßen: „Du kannst dich jetzt noch nicht entscheiden, den Vertrag zu unterschreiben, weil du glaubst (befürchtest), dass ... (greifen Sie die die Argumentation des Kindes auf). Ich mache dir den Vorschlag, dass wir zu Beginn der nächsten Stunde noch einmal über den Vertrag sprechen."

7) Einführung in die Hausaufgaben

Hausaufgaben sind ein Grundbestandteil des therapeutischen Vorgehens. Deshalb werden von der ersten Sitzung an Hausaufgaben eingeführt. Bei der Hausaufgabe nach der ersten Sitzung sollen die Gruppenteilnehmer eigene Zielsetzungen entwickeln. Teilen Sie dazu das Hausaufgabenblatt „Ziele" aus.

H-K-1

Stunde 1: Kennenlernen und Einführung in das Training

> *Trainer B*: Wir hatten schon erwähnt, dass ihr auch das, was ihr hier lernt, zwischen den Stunden üben sollt. Das heißt, dass ihr Hausaufgaben bekommt, die ihr bis zur nächsten Stunde erledigen sollt. Es ist wichtig, diese Hausaufgaben zu machen.
>
> Für die nächste Stunde sollt ihr euch überlegen, welche Ziele jeder für sich gerne erreichen, was also jeder für sich trainieren möchte. Sucht euch maximal drei Ziele aus. Wir teilen jetzt ein Blatt aus, auf dem ihr eure Ziele bis zur nächsten Stunde eintragt. Wir besprechen eure Ziele dann am Anfang der nächsten Sitzung. Habt ihr noch Fragen?

8) Verabschiedung

Verabschieden Sie die Gruppenteilnehmer für die heutige Sitzung. Loben Sie sie für ihre Mitarbeit und das Durchhaltevermögen. Die Arbeitsmappen bleiben bei den Trainern, die Teilnehmer nehmen nur die Hausaufgabenblätter jeweils in Klarsichtfolien mit nach Hause. Weisen Sie darauf hin, dass die Kinder die Hausaufgabenblätter beim nächsten Mal wieder mitbringen sollen.

Zeichnen Sie die Teilnamebestätigung der Kinder ab.

Führen Sie ein Abschiedsritual ein (z.B. alle fassen sich an den Händen und verabschieden sich), das Sie nach jeder Stunde durchführen.

Ziele der Gruppe

- Besser miteinander reden

- Besser Streit lösen

- Sich mehr trauen

F-K-1

Gruppenregeln

- Wir kommen pünktlich zur Gruppe
- Es spricht immer nur einer, die andern hören zu
- Wir versuchen, einander zu helfen und zu unterstützen
- Alles, was in der Gruppe besprochen wird, bleibt in der Gruppe
- Wir erledigen unsere Hausaufgaben
-
-

Mein Arbeitsheft

_____
Name

1. Termin _____	Uhrzeit _____	_____
2. Termin _____	Uhrzeit _____	_____
3. Termin _____	Uhrzeit _____	_____
4. Termin _____	Uhrzeit _____	_____
5. Termin _____	Uhrzeit _____	_____
6. Termin _____	Uhrzeit _____	_____
7. Termin _____	Uhrzeit _____	_____
8. Termin _____	Uhrzeit _____	_____
9. Termin _____	Uhrzeit _____	_____
10. Termin _____	Uhrzeit _____	_____

A-K-1-2

VERTRAG

Hiermit verpflichtet sich

_____

regelmäßig am Training teilzunehmen.
Ich komme dazu pünktlich zu den Stunden und halte mich an die Gruppenregeln.

....
(Datum, Ort)   (Unterschrift)

                 ....
                 (Unterschrift)

A-K-1-3

Meine Ziele für die Gruppe

1. _____

2. _____

3. _____

H-K-1

Arbeitsmaterial zu „Stunde 1" aus:
Norbert Beck, Silke Cäsar & Britta Leonhardt. *Training sozialer Fertigkeiten mit Kindern im Alter von 8 bis 12 Jahren.* © by dgvt-Verlag, 2005.

Spiele zum Kennenlernen

1) Das bin ich!

Von jedem Kind wird mit der Sofortbildkamera ein Bild gemacht. Dieses klebt jedes Kind auf ein weißes Blatt Papier. Nun schreibt, malt, klebt es alle möglichen Informationen zu sich selbst auf dieses Blatt (Name, Alter, Wohnort, Hobbys, was es mag oder nicht mag usw.). Anschließend stellt jedes Kind sich und sein Bild vor. Schön ist es, wenn die Bilder einen Platz im Raum finden für die nächsten Stunden.

Material: Sofortbildkamera, weißes Papier, Stifte, evtl. alte Illustrierte, Schere und Klebstoff

2) Partnerinterview

Variante 1: Die Kinder füllen das Arbeitsblatt für sich alleine aus. Die Zettel werden eingesammelt und durcheinander ausgeteilt. Jeder liest einen Fragebogen vor und die Gruppe kann raten, wer wohl gemeint ist.

Variante 2: Immer zwei Kinder interviewen sich gegenseitig und halten die Informationen auf dem Arbeitsblatt fest. Dann stellt jedes Kind seinen Partner der Gruppe vor.

Material: Vorlage „Partnerinterview", Stifte

3) Wanted!

Die Namen aller Gruppenmitglieder werden auf Zettel geschrieben; jeder zieht einen davon. Jeweils zwei Spieler tun sich zusammen und gestalten „Steckbriefe" zu den beiden gezogenen „Ganovennamen", eine „Tat" mit „Tathergang", Die Beschreibung des „Täters" (mit besonderen Merkmalen). Ferner setzen sie eine „Belohnung" für dessen „Ergreifung" aus. Es kann auch eine Porträtskizze angefertigt werden. Die „Steckbriefe werden aufgehängt und die Gruppe erörtert, wer im Einzelnen gemeint sein könnte.

Material: Papier, Stifte, alte Illustrierte, Schere, Klebstoff

4) Erster Eindruck

Es bilden sich Paare. Jedes Paar spricht etwa drei Minuten über ein vorgegebenes Thema (z.B. „auffällig gekleidete Menschen im Straßenbild"). Dann trennen sich die Paare. Jeweils ein Partner bleibt im Raum, der andere wechselt in einen anderen. Der Spielleiter verteilt nun Vordrucke an jeden. Die Spieler haben die Aufgabe, anhand des Vordrucks die äußeren Merkmale ihres Gesprächspartners zu beschreiben: Kleidung, Haartracht, Augen, Gesicht, Körper. Der Spielleiter sammelt die Vordrucke wieder ein und versammelt die Spieler in einem Raum.
Reihum werden nun die Vordrucke mit den Beschreibungen der einzelnen Spieler vorgelesen. Die Spieler können nun raten, auf welchen Teilnehmer die Beschreibung zutrifft.

Material: Vordruck mit äußeren Beobachtungsmerkmalen (Kleidung, Haare, Augen, Gesicht, Körper)

Ergänzungsmaterial zu Stunde 1

Partnerinterview

Welches Hobby hast du?

_____

Was ist dein Lieblingsessen?

_____

Welche Musik (Sänger oder Gruppe) gefällt dir am besten?

_____

Welche Farbe magst du am liebsten?

_____

In welchem Land warst du schon einmal?

_____

Was würdest du dir wünschen, wenn du drei Wünsche frei hättest?

_____

Ergänzungsmaterial zu Stunde 1

Stunde 2: Kommunikation

Leitfaden für die zweite Stunde

Grobstruktur	Inhalt	Arbeitsmaterialien
1. Begrüßung und Blitzlicht	• Rückmeldung über die Befindlichkeit anhand eines Wetterberichtes	• Wetterkarten (S-2-1)
2. Hausaufgabenbesprechung	• Besprechung des Hausaufgabenblatts „Zielsetzung"	• Arbeitsmappen
3. Einführung in das Thema „Kommunikation"	• Sammlung von Vorwissen zum Thema „Kommunikation"	• Flip-Chart
4. Bearbeitung des Themas „Kommunikation"	• Kommunikationsregeln am Beispiel der Kommunikation zwischen Pilot und Fluglotse • Kommunikationsspiel 1 („Begrüßen und Ansprechen auf dem Flughafen")	• Flip-Chart • Spiel (S-2-2) (ohne Materialien)
5. Vertiefung	• Kommunikationsspiel 2 („Mimische Darstellung von Emotionen")	• Pantomimekarten (S-2-3)
6. Hausaufgabe und Abschluss		• Hausaufgabenblatt (H-K-2)

Stunde 2: Kommunikation

Inhalte und Zielsetzung der Sitzung im Überblick

Den Schwerpunkt in dieser Therapieeinheit stellt „Kommunikation" als Basis der Entwicklung Sozialer Kompetenzen dar. Grundlegende Begrifflichkeiten für den Austausch, die Vermittlung und Aufnahme von Informationen zwischen Menschen sollen erarbeitet und näher gebracht werden.

Als zentrale, grundlegende Voraussetzung für ein geeignetes Arbeitsklima ist die Einführung von Gesprächsregeln notwendig. Sie ermöglichen die gezielte Kommunikation der Gruppenteilnehmer und stärken in einem ersten Schritt den sicheren Umgang in Gesprächen mit einem Partner oder innerhalb von Kleingruppen.

Die Einführung in den Bereich der Gefühle als Ich-Zustände, Befindlichkeiten und Erlebnisse, die das Verhalten von Menschen beeinflussen, dient der Beobachtungsschulung in Situationen der sozialen Kommunikation. Die Teilnehmer sollen befähigt werden, ihr Verhalten in einer Situation und die Reaktionen und Aktionen anderer erkennen und erklären zu können.

Checkliste: *Ausstattung und Materialien*

Ausstattung	Materialien
• Stühle (Anzahl der Teilnehmer + 2) • Overhead-Projektor • Flip-Chart mit entsprechenden Stiften • Filzstifte für alle Teilnehmer • Heftzwecken oder Tesafilm • Schere	• Leitfaden für die Therapeuten • Türschild „Bitte nicht stören" • Spiel „Wetterkarten" (S-2-1) • Arbeitsblatt „Gruppenregeln" (A-K-1-1) • Spielkarten „Pantomime" (S-2-3) • Hausaufgabenblatt „Unsere Kommunikationsregeln" (H-K-2) • Arbeitsmappe für jeden Teilnehmer

Durchführung

1) Begrüßung und Blitzlichtrunde

S-2-1 — Begrüßen Sie die Kinder und loben sie die Entscheidung, die Gruppe weiter zu besuchen. Wenn Sie gerne ein Ritual anwenden (z.B. kurz an den Händen fassen), dann führen Sie dies durch. Es ist wichtig, die Struktur der Stunden einzuhalten. Sie erleichtern damit den Kindern den Einstieg in die Stunde. Führen Sie anhand der Wetterkarten in die Blitzlichtrunde ein und führen Sie diese durch.

> *Trainer A*: In der letzten Stunde haben wir nach der Begrüßung ein Spiel gemacht, um uns besser kennen zu lernen. Heute wollen wir ein Spiel ausprobieren, das man „Blitzlicht" nennt.

> *Trainer B*: Wir wissen, dass es gar nicht so einfach ist, anderen zu beschreiben, ob es einem gut geht oder nicht so gut oder so gar nichts Besonderes ist. Deshalb haben wir uns ausgedacht, unser Befinden wie einen Wetterbericht zu beschreiben. Da gibt es Sonne für schöne Dinge, Wolken, die die Sonne verdecken, Gewitter, Regen und vieles mehr. Wir wollen das nun einmal versuchen.

Fangen Sie an, zu beschreiben und geben Sie so den Kindern ein Beispiel. Lassen Sie dann reihum die Kinder Karten auswählen und sich beschreiben. In dieser Stunde werden die Antworten noch kurz und unpräzise sein. Bedenken Sie, dass die Übung noch neu ist und die Kinder noch wenig Vertrauen in die Gruppe haben.

Loben Sie die Gruppe für ihren Mut und die gute Beachtung der Gruppenregeln, wenn diese eingehalten wurden. An dieser Stelle können Sie so die Regeln wiederholen und für die Kinder präsent werden lassen.

2) Hausaufgabenbesprechung

Teilen Sie die Mappen aus und bitten Sie die Kinder, ihr Hausaufgabenblatt in die Hand zu nehmen. Sollte ein Kind seine Hausaufgaben vergessen haben, erklären Sie ihm noch einmal die Wichtigkeit der Übungen und bieten Sie ihm an, die Übung trotzdem mitzumachen. Loben Sie die Kinder, die sich die Mühe zu Hause gemacht haben.

> *Trainer A*: Wir haben in der letzten Stunde auch davon gesprochen, was wir in der Gruppe alles trainieren können – so wie Sportler trainieren müssen, um zu gewinnen. Eure Aufgabe zu Hause war es nun, aufzuschreiben, welches Ziel ihr erreichen wollt, was jeder für sich trainieren möchte. Wer mag denn mal beginnen?

Sammeln Sie die Ziele der Kinder und gehen Sie jeweils kurz auf die Ziele der Kinder ein. Erklären Sie, dass die Themen nach und nach in den Stunden bearbeitet werden. Loben Sie die Kinder für ihren Mut, an Schwierigkeiten arbeiten zu wollen und machen Sie deutlich, dass die Gruppe zusammen durch die gemeinsame Arbeit diese Ziele erreichen kann.

Fordern Sie die Kinder auf, die Blätter abzuheften und die Mappe beiseite zu legen. Die Kinder sollen zu einem verantwortungsbewussten Umgang mit den Arbeitsmaterialien angehalten werden. Damit zeigen Sie den Kindern auch die Ernsthaftigkeit der Gruppenstunden.

3) Einführung in das Thema „Kommunikation"

Erarbeiten Sie mit den Kindern die Definition des Fremdwortes „Kommunikation". Schrecken Sie nicht davor zurück, das Fremdwort zu gebrauchen. Die Kinder sollen spüren, dass Schwierigkeiten in der Gruppe gemeinsam überwunden werden können.

Stunde 2: Kommunikation

> *Trainer B*: Heute wollen wir zusammen über „Kommunikation" sprechen. Das ist ein schwieriges Wort, manche kennen es vielleicht und für andere wird es noch neu sein. Wir alle machen „Kommunikation". Zu Hause, in der Schule, hier in der Gruppe. Hat schon jemand eine Idee?

Sammeln Sie die Ideen der Kinder oder geben Sie weitere Hinweise, wenn dies nötig ist. Folgende Schlagworte sollten gelistet werden (an Tafel oder Flip-Chart festhalten):

- miteinander sprechen
- sich austauschen
- unterhalten
- fragen/nachfragen
- zuhören
- erzählen

Loben Sie die Kinder für die Mitarbeit.

4) Bearbeitung des Themas „Kommunikation"

Nach der begrifflichen Klärung geht es jetzt darum, den Kindern die Wichtigkeit des Begriffes nahe zu bringen. Wir verwenden hierzu ein anschauliches Bespiel, um den Kindern den Transfer zu erleichtern.

> *Trainer A*: Stellt euch einmal einen Piloten im Flugzeug vor. Wie schafft er es, ohne Straßen und Schilder in der Luft seinen Weg zu finden, ohne mit anderen Flugzeugen zusammenzustoßen?

Auch hier werden die Antworten zusammengetragen. Ziel ist es, die Kommunikation zwischen dem Bodenpersonal und dem Flugkapitän (Piloten) herauszuarbeiten. Lenken Sie die Antworten. Spricht ein Kind von Flugzeugabstürzen, teilen Sie ihm mit, dass es dies schon einmal gibt, es in dieser Stunde aber um das Gespräch zwischen Pilot und Bodenpersonal geht.

> *Trainer B*: Da kennt ihr euch ja gut aus. Nun müssen wir nur noch herausfinden, was die beiden beachten müssen, damit sie sich auch gut verstehen können. Habt ihr eine Idee?

Lassen Sie die Kinder einmal ohne Wertung Dinge nennen und fordern Sie Kinder, die bisher wenig gesprochen haben ruhig einmal direkt auf, zu antworten.

II Manual zum „Gruppentraining sozialer Fertigkeiten"

> *Trainer B*: Da sind viele wichtige Dinge dabei. Wir wollen das einmal zusammenfassen an der Tafel (Flip-Chart).
>
> *Ich spreche laut, aber schreie nicht.*
> *Ich spreche deutlich.*
> *Ich spreche langsam.*
> *Ich spreche den anderen direkt an, dann weiß er, dass er gemeint ist.*
> *Ich lasse den anderen ausreden.*
> *Ich höre gut zu.*
>
> Beim Start und bei der Landung müssen der Fluglotse und der Flugkapitän noch mehr beachten. Da hören sie sich nicht nur, sie sehen sich auch. Wo sehen da die beiden hin? ... Genau, sie müssen sich ins Gesicht sehen, um zu wissen, dass sie miteinander kommunizieren. D.h. (an der Tafel festhalten):
>
> *Ich schaue dem anderen ins Gesicht, wenn ich mit ihm spreche.*

S-2-2

Im nächsten Schritt geht es darum, die besprochenen Ziele einzuüben. Wir tun dies in Form eines Spieles. Die Gesprächsregeln werden nicht automatisch funktionieren. Ihre Aufgabe als Trainer ist es, in den folgenden Stunden immer wieder auf die Kommunikationsregeln hinzuweisen, um diese zu festigen. Gerade und vor allem auch dann, wenn die Themeninhalte schwieriger werden.

> *Trainer A*: Wir wollen nun ein kleines Spiel dazu machen. Ihr alle seid Fluggäste, die zusammen am Flughafen warten. Ihr wollt gemeinsam in einem schönen Land Ferien machen.
>
> Wir laufen nun alle auf diesem Flughafen herum und immer, wenn wir jemandem begegnen, begrüßen wir uns und sprechen uns an. Ihr könnt dabei alles zur Begrüßung ausprobieren, was euch einfällt. Probiert jedoch auch die besprochenen Regeln zur Kommunikation einmal aus.

Machen Sie selbst auch mit, so können Sie die Gruppe zu neuen Dingen anregen, z.B. die Hand auf den Kopf des anderen legen, die Lautstärke variieren, mit vorgehaltener Hand sprechen und vieles mehr. Lassen Sie ruhig auch lustige Dinge zu, die Kinder haben jetzt lange zugehört und mitgearbeitet.

5) Vertiefung

Zur Festigung der Inhalte und zur Vorbereitung auf die nächste Stunde bieten Sie nun noch ein Spiel an, das die Regeln der Kommunikation festigt und einen ersten Einstieg in das Thema „Gefühle" bietet.

S-2-3

> *Trainer B*: Ihr habt das sehr gut geschafft. Ich habe hier Karten und ein Tuch, mit dem wir noch eine Übung machen wollen. Einer von euch darf jetzt mal zu mir kommen. Nun, wer traut sich? – Schön ......, dass du so mutig bist. Ich zeige dir eine Karte. Du versuchst nun, mit deinem Gesicht und deinem Körper, aber ohne Worte den Begriff auf der Karte zu zeigen und die anderen dürfen raten. Ich bin mal gespannt, wer das schafft.

Beobachten Sie gut, wie die Kinder sich beteiligen. Es sollte jeder einmal ein Gefühl darstellen. Merken Sie, dass ein Kind sehr ängstlich ist, bieten Sie ihm die Möglichkeit an, drängen Sie es jedoch nicht. Ermuntern Sie es, mit zu raten und loben Sie es dafür, wenn es dies tut.

6) Verteilen der Hausaufgaben und Abschluss

Verteilen Sie das Hausaufgabenblatt H-K-2 und besprechen Sie die Hausaufgabe. Führen Sie im Anschluss das Abschiedsritual durch, z.B. an den Händen fassen und sich gemeinsam „auf Wiedersehen" sagen.
Zeichnen Sie die Teilnahmebestätigung der Kinder ab.

H-K-2

> *Trainer A*: In dieser Woche ist es eure Hausaufgabe, dreimal Personen bei der Kommunikation zu beobachten. Einmal, wie du mit deiner Mutter oder deinem Vater sprichst. Dann, wie dein Banknachbar mit dem Lehrer spricht. Und als letztes beobachtet ihr jemanden, der in einem Geschäft etwas einkauft. Tragt eure Beobachtungen in die Spalten auf dem Blatt ein. Dort findet ihr auch noch einmal die Kommunikationsregeln, die ihr beobachten sollt. Ich bin einmal gespannt, was ihr da alles zu sehen bekommt und ob sich andere automatisch an solche Regeln halten. Ich wünsche euch viel Erfolg.

Wetterkarten

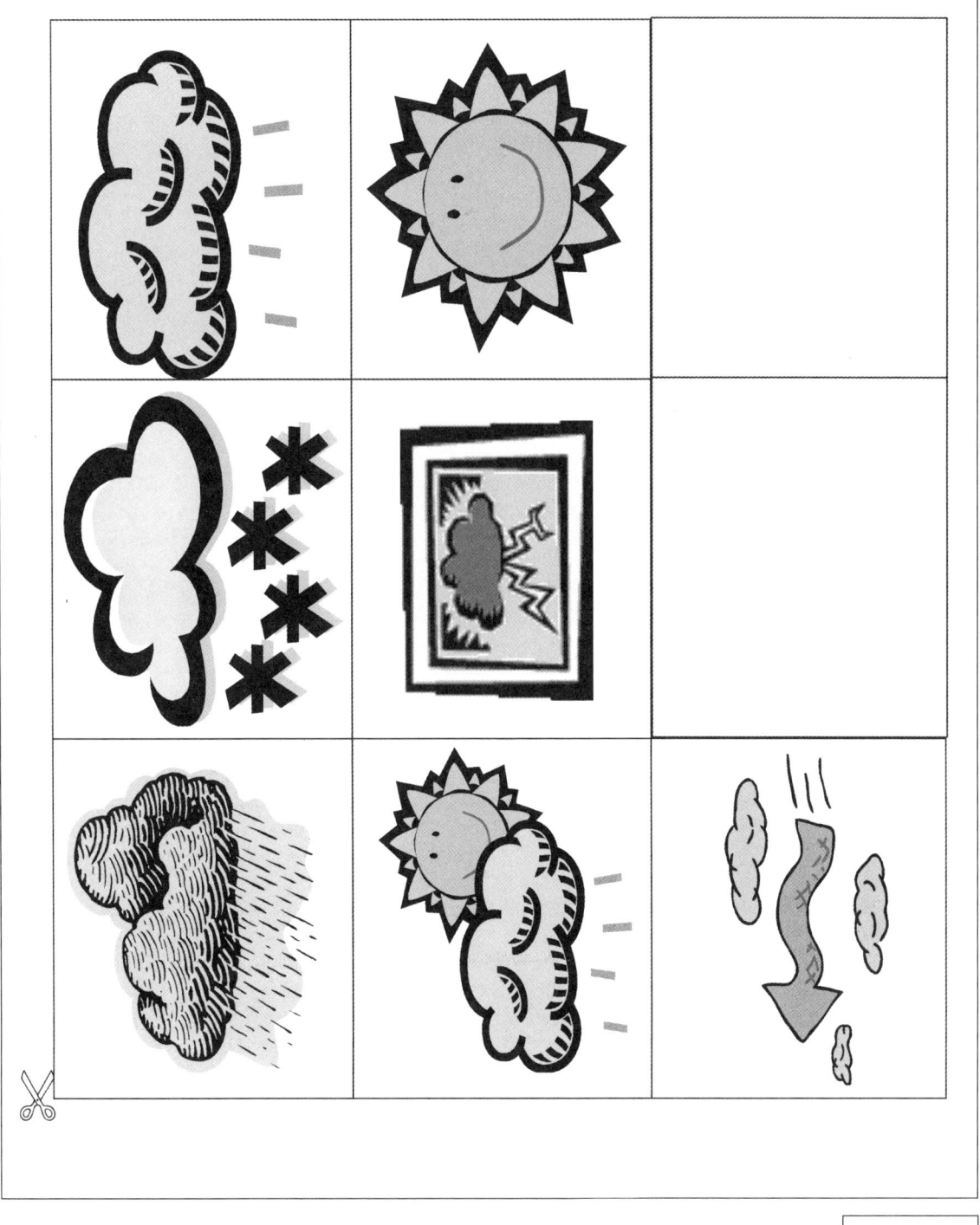

S-2-1

Arbeitsmaterial zu „Stunde 2" aus:
Norbert Beck, Silke Cäsar & Britta Leonhardt. *Training sozialer Fertigkeiten mit Kindern im Alter von 8 bis 12 Jahren.* © by dgvt-Verlag, 2005.

Pantomimekarten

fröhlich	traurig
wütend	lustig
sauer	schüchtern
ängstlich	vorsichtig
einsam	zornig

Unsere Kommunikationsregeln

Diese Sätze zeigen mir, auf was ich bei meinen Beobachtungen achte:

- Ich spreche laut, aber schreie nicht.
- Ich spreche deutlich.
- Ich spreche langsam.
- Ich spreche den anderen direkt an, dann weiß er, dass er gemeint ist.

Ich beobachte, wenn...		
ich mit Mama oder Papa spreche	Bei mir:	Bei Mama oder Papa:
mein Banknachbar mit dem Lehrer spricht	Beim Banknachbarn:	Beim Lehrer:
eine Person beim Einkaufen mit der Verkäuferin spricht	Beim Einkäufer:	Beim Verkäufer:

H-K-2

Stunde 3: Gefühle

Leitfaden für die dritte Stunde

Grobstruktur	Inhalt	Arbeitsmaterialien
1. Begrüßung und Blitzlicht	<ul><li>Rückmeldung über die Befindlichkeit anhand eines Wetterberichtes</li></ul>	<ul><li>Evtl. Wetterkarten</li></ul>
2. Hausaufgabenbesprechung	<ul><li>Besprechung des Hausaufgabenblatts „Unsere Kommunikationsregeln"</li></ul>	<ul><li>Arbeitsmappen</li></ul>
3. Einführung in das Thema „Gefühle"	<ul><li>Sammlung von Vorwissen zum Thema „Gefühle"</li></ul>	<ul><li>Flip-Chart</li><li>Gefühlsrad (S-3-1)</li></ul>
4. Differenzieren von Gefühlen I	<ul><li>Ausdruck positiver und negativer Gefühle durch Farben</li><li>Erkennen von Gefühlen</li></ul>	<ul><li>Papier, Bundstifte und Klebestreifen</li><li>Evtl. Musik</li></ul>
5. Differenzieren von Gefühlen II	<ul><li>Vertiefung von Befindlichkeiten</li></ul>	<ul><li>Gefühls-Memory (S-3-2)</li></ul>
6. Hausaufgabe und Abschluss	<ul><li>Protokollieren von Gefühlen</li></ul>	<ul><li>Hausaufgabenblatt (H-K-3)</li></ul>

Stunde 3: Gefühle

Inhalte und Zielsetzung der Sitzung im Überblick

Diese Sitzung ist als wichtiger Basisbaustein des Trainings zu sehen, da weitere Themen darauf aufbauen. Gefühle bei anderen und sich selbst zu erkennen, ermöglicht den Umgang miteinander und mit sich selbst. Grundvoraussetzung ist zunächst ein Repertoire an Begriffen für einzelne Gefühlszustände. Die Gruppenteilnehmer üben in dieser Einheit das differenzierte Ausdrücken von Befindlichkeit.

Des Weiteren wird bearbeitet, woran einzelne Gefühlszustände zu beobachten sind und wie man sie deuten kann. Die Fähigkeit, eigene Gefühle zu akzeptieren und auch ausdrücken zu können, ist unerlässlich für das emotionale Gleichgewicht. Die Teilnehmer sollen befähigt werden, eigene Gefühlszustände und die des Gegenübers zu beobachten, zu deuten und zu werten, um darauf angemessen reagieren zu können.

Checkliste: *Ausstattung und Materialien*

Ausstattung	Materialien
• Stühle (Anzahl der Teilnehmer +2) • Flip-Chart mit Stiften oder Tafel	• Leitfaden für die Therapeuten • Türschild „Bitte nicht stören" • Arbeitsmappen der Teilnehmer • Papier (mindestens zwei Blätter pro Teilnehmer) und Farbstifte (möglichst viele unterschiedliche Farben) • Klebestreifen • Gefühlsrad (S-3-1) • Spiel „Gefühls-Memory" (S-3-2) • Hausaufgabenblatt „Meine Gefühle" (H-K-3)

Durchführung

1) Begrüßung und Blitzlichtrunde

Beginnen Sie mit dem Ritual, welches Sie eingeführt haben. Begrüßen Sie die Kinder und loben Sie sie für pünktliches Erscheinen. Sollte dies nicht der Fall sein, teilen Sie auch mit, dass sie um die Einhaltung der Zeiten bitten. Achten Sie vorher darauf, dass alle Materialien bereit

II Manual zum „Gruppentraining sozialer Fertigkeiten"

liegen und das Schild „Bitte nicht stören" aushängt, bevor Sie nun wie gewohnt mit dem Blitzlicht beginnen.

> *Trainer A*: Wir wollen wieder mit dem „Blitzlicht" beginnen. Wenn jeder kurz sagt, wie es ihm heute geht – wie Ihr Euch fühlt – vielleicht auch kurz, wie diese Woche so verlaufen ist.

Es ist möglich, dass es den Kindern immer noch schwer fällt und keiner anfangen möchte. Entlasten Sie die Situation und beginnen Sie mit Ihrer Befindlichkeit. Sie können auch wieder die Wetterkarten einsetzen (S-2-1).

2) Hausaufgabenbesprechung

Bitten Sie die Kinder wieder, das Hausaufgabenblatt der vergangenen Stunde zur Hand zu nehmen. Leiten Sie die Gruppe an, die Kommunikationsregeln zu wiederholen. Ein Kind sollte seine Notizen der vergangenen Woche vorlesen. Vermitteln Sie im Anschluss, dass unterschiedliche Situationen und Personen eine unterschiedliche Kommunikationsweise erfordern.

> *Trainer B*: Nehmt bitte das Hausaufgabenblatt der letzten Woche zur Hand. Ich möchte mit euch gemeinsam noch einmal die Gesprächsregeln wiederholen. Worauf achten wir, wenn wir mit einer anderen Person sprechen?
> ...
> Kann einer von euch vorlesen, was er sich zur Hausaufgabe aufgeschrieben hat?
> ...
> Ihr seht, dass man mit verschiedenen Leuten auch unterschiedlich spricht.

3) Einführung in das Thema „Gefühle"

Hier geht es zunächst um den Wortschatz, den die Kinder zur Verfügung haben. Weiterhin soll der Wissensstand der einzelnen Kinder abgefragt werden, um sich ein Bild davon machen zu können.

> *Trainer A*: Wir möchten heute mit euch gemeinsam über „Gefühle" sprechen. Es gibt verschiedene Gefühle wie z.B. traurig oder glücklich sein. Wer von euch kennt denn noch ein anderes Gefühl oder kann sagen, wie man sich noch fühlen kann?
> (Mögliche Antworten: traurig, lustig, ängstlich, genervt usw.)
>
> *Trainer B*: Wann fühlst du dich denn so? In welcher Situation hast du dich schon mal genervt oder ängstlich gefühlt? Kannst du das bitte kurz beschreiben?

Stunde 3: Gefühle

Achten Sie darauf, dass alle Kinder einen Beitrag bringen. Auch wenn es kein neues Wort ist, sollte zumindest eine Situation beigetragen werden. Wenn ein sehr ängstliches Kind in Ihrer Gruppe ist, dann unterstützen Sie es und treten Sie ihm wohlwollend entgegen.

Nun bringen Sie das „Gefühlsrad" in die Gruppe.

S-3-1

> *Trainer B*: Ich habe hier ein so genanntes „Gefühlsrad". Darauf stehen ganz viele Worte/Begriffe, wie man sich fühlen kann.
> Lasst uns den Kreis ein wenig enger machen und rutscht mit den Stühlen zusammen. Bitte schaut mal, ob ihr alle Begriffe kennt.
> Wenn ein Wort dabei ist, das ihr noch nie gehört habt, dann fragt ruhig nach, was das ist.

Sollten unbekannte Begriffe dabei sein, fragen Sie erst in der Runde nach, ob es jemand erklären kann. Wenn dies nicht so ist, versuchen Sie, es in einfachen Worten zu definieren. Es ist hilfreich für Kinder, wenn Sie auch eine Situation dazu schildern, z.B. wann sich jemand schon mal traurig, fröhlich etc. gefühlt hat.

4) Differenzieren von Gefühlen I

> *Trainer A*: Nachdem ihr alle so lange habt sitzen müssen, wollen wir heute noch eine kleine Malarbeit machen. Schließlich haben wir sehr lange geredet.
> Jeder von euch bekommt zwei Blätter und verschiedene Stifte ausgeteilt. Ihr könnt die Stifte auch untereinander austauschen, aber bitte achtet darauf, dass das leise geschieht, damit keiner gestört wird. Bitte nehmt zuerst nur ein Blatt davon und legt das andere zur Seite. Wenn alle soweit sind, dann betrachtet bitte eure Farbstifte und überlegt, welche der Farben für Euch nur gute Stimmung ausdrücken. Gestaltet bitte euer Bild nur mit diesen Farben. Ihr könnt entweder einfach nur so darauf los malen oder Gegenstände malen, Situationen, alles was für euch mit guter Stimmung und guter Laune zu tun hat. Fangt bitte ruhig an und denkt an fröhlich sein, lustig sein, gute Laune, glücklich sein, Überraschungen usw.

Lassen Sie den Kindern ruhig ein wenig Zeit (fünf bis zehn Minuten). Sie können im Hintergrund auch fröhliche Musik laufen lassen.

> *Trainer B*: Wenn ihr fertig seid, dann schiebt euer Blatt ein wenig weg und nehmt das zweite Blatt. Verwendet jetzt bitte nur Farben, die für euch schlechte Stimmung ausdrücken. Also nur Farben, die für euch für Traurigkeit, Ängstlichkeit, unglücklich sein, einsam sein, verzweifelt sein, stehen.

Wiederholen Sie die Worte ruhig noch einmal, um sie in Erinnerung zu rufen. Haben Sie vorher Musik im Hintergrund laufen lassen, dann legen Sie jetzt bitte traurige (langsame, schwere) Musik auf. Lassen Sie wieder ein paar Minuten Zeit.

> *Trainer A:* Prima, wer fertig damit ist, kann mir seine Bilder schon einmal bringen. Bitte achtet darauf, dass ihr auf die Rückseite euren Namen geschrieben habt. Wir wollen damit ein großes Plakat mit guter Stimmung und eines mit schlechter Stimmung aufhängen. Vielleicht fällt uns ja noch im Laufe der Gruppensitzung einiges dazu ein.

Sollten Sie einen festen Raum haben und die Möglichkeit, diesen frei zu gestalten, können Sie durchaus auch „Stimmungsecken" entwerfen. Das bedeutet, dass Sie eine ganze Wand oder Ecke mit Bildern für gute Stimmung und eine Wand mit schlechter Stimmung beginnen, die Sie im Laufe der Gruppensitzung erweitern können (z.B. mit Gedichten, Bildern aus Zeitschriften, Liedern usw.).

5) Differenzieren von Gefühlen II: Gefühls-Memory

> *Trainer B:* Zum Abschluss möchte ich alle noch einmal in den Stuhlkreis bitten. Wir haben noch ein Spiel dabei, ein Memory-Spiel. Memory kennt sicher jeder von euch. Aber dieses ist ein besonderes und ist auch ein wenig schwieriger als die anderen. Mal sehen, wer von euch das beste Gedächtnis hat.

Zeigen Sie den Kindern ein paar dieser zusammengehörenden Paare und lassen Sie eventuell ein Kind anfangen, welches heute noch sehr zurückhaltend war. Nach einem Durchgang kann das Spiel beendet werden. Gestalten Sie die Dauer individuell nach dem Zustand der Gruppe.

S-3-2

6) Hausaufgabe und Abschluss

> *Trainer B:* Wir möchten euch auch heute wieder eine kleine Hausaufgabe mitgeben. Es ist ein Arbeitsblatt mit drei Punkten:
>
> *1. Glücklich bin ich, wenn ...*
>
> *2. Traurig bin ich, wenn ...*
>
> *3. Zornig oder wütend bin ich, wenn ...*
>
> Eure Aufgabe ist es, euch in dieser Woche ein wenig zu beobachten und zu sehen, in welchen Situationen ihr glücklich/traurig/zornig seid. Bitte schreibt es dann in die jeweilige Spalte. Ist die Hausaufgabe klar oder gibt es noch Fragen?

Stunde 3: Gefühle

Verteilen Sie die Arbeitsblätter und bitten Sie die Kinder, diese in ihre dafür vorgesehenen Hausaufgabenmappen zu tun.

Zeichnen Sie die Teilnahmebestätigung der Kinder ab.

H-K-3

> *Trainer A*: Jetzt seid ihr heute wirklich sehr fleißig gewesen. Vielen Dank für eure tolle Mitarbeit, uns hat es heute großen Spaß mit euch gemacht und wir freuen uns auf nächste Woche. Kommt gut nach Hause, bis nächste Woche (Tag und Uhrzeit)!

Gefühlsrad

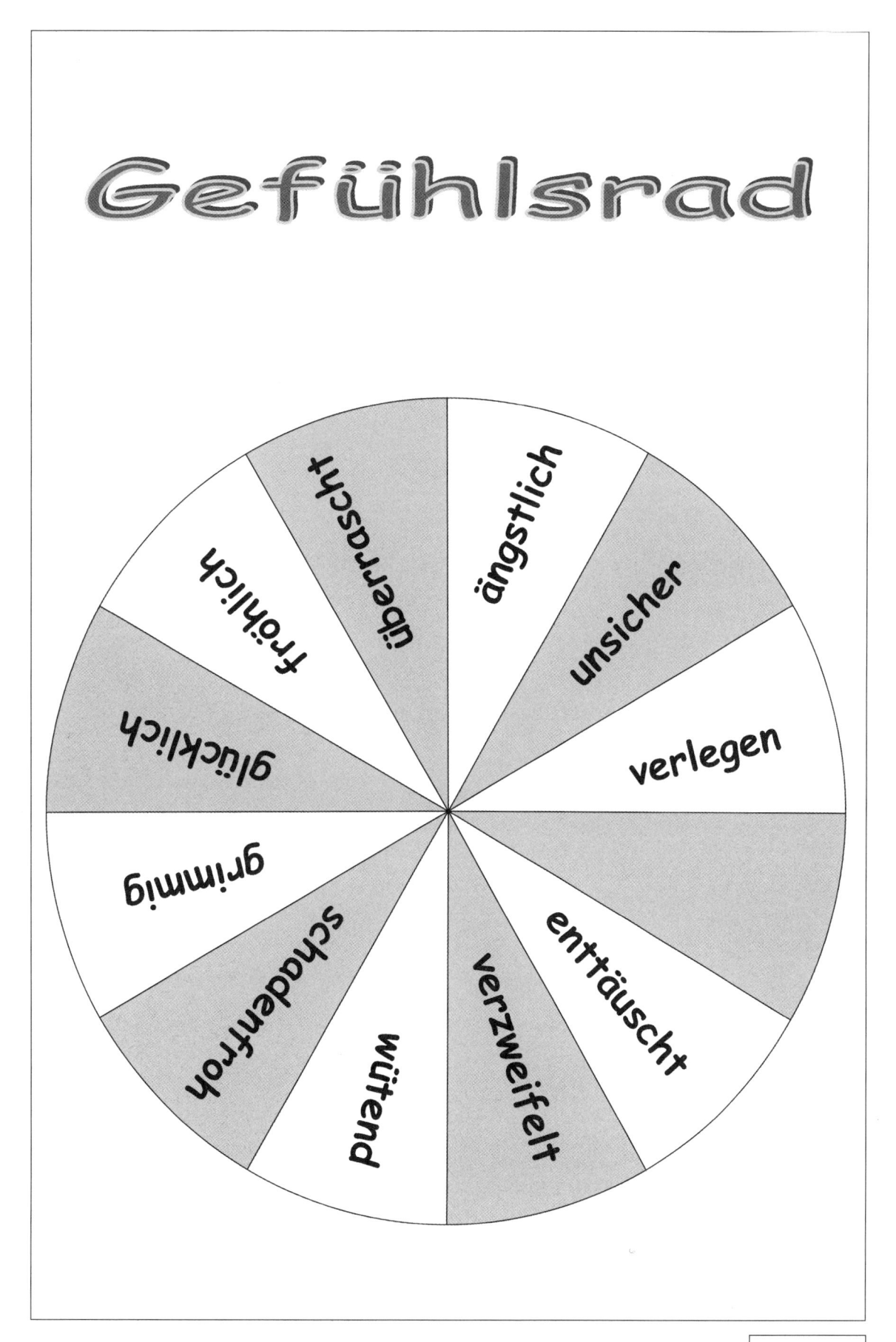

- ängstlich
- unsicher
- verlegen
- enttäuscht
- verzweifelt
- wütend
- schadenfroh
- grimmig
- glücklich
- fröhlich
- überrascht

S-3-1

Arbeitsmaterial zu „Stunde 3" aus:
Norbert Beck, Silke Cäsar & Britta Leonhardt. *Training sozialer Fertigkeiten mit Kindern im Alter von 8 bis 12 Jahren.* © by dgvt-Verlag, 2005.

Gefühls-Memory

	lustig		zornig
	ängstlich		traurig
	fröhlich		wütend
	vorsichtig		einsam
	beleidigt		

S-3-2

Meine Gefühle

In der folgenden Woche beobachte ich mich und trage es in die Spalten ein:

Glücklich bin ich, wenn ...	Traurig bin ich, wenn ...	Zornig bin ich, wenn ...

H-K-3

Arbeitsmaterial zu „Stunde 3" aus:
Norbert Beck, Silke Cäsar & Britta Leonhardt. *Training sozialer Fertigkeiten mit Kindern im Alter von 8 bis 12 Jahren.* © by dgvt-Verlag, 2005.

Übungsblatt „Gefühle"

Es ist wichtig, den anderen Menschen zu zeigen, wie es dir geht. Dabei hilft dir deine Mimik und Gestik!!!
Manchmal reicht das Zeigen nicht. Dann ist es wichtig, deinen Ärger mitzuteilen!

Versuche, auch wenn es schwierig ist, jemandem zu sagen, wie es dir geht. Egal, ob es positiv oder negativ ist.
Trage deine Beobachtungen in die Liste ein.

	So war die Situation:	Das habe ich gesagt:	Das ist passiert:
Montag			
Dienstag			
Mittwoch			
Donnerstag			
Freitag			
Samstag			
Sonntag			

Ergänzungsmaterial zu Stunde 3

Arbeitsmaterial zu „Stunde 3" aus:
Norbert Beck, Silke Cäsar & Britta Leonhardt. *Training sozialer Fertigkeiten mit Kindern im Alter von 8 bis 12 Jahren.* © by dgvt-Verlag, 2005.

Stunde 4: Selbst- und Fremdwahrnehmung

Leitfaden für die vierte Stunde

Grobstruktur	Inhalt	Arbeitsmaterialien
1. Begrüßung und Blitzlicht	- Rückmeldung über die Befindlichkeit anhand eines Wetterberichtes und kurze Wiederholung des Themas der letzten Stunde	- Evtl. Wetterkarten
2. Hausaufgabenbesprechung	- Besprechung des Hausaufgabenblatts „Meine Gefühle"	- Arbeitsmappen
3. Einführung in das Thema „Selbst- und Fremdwahrnehmung"	- Sammeln von Vorgehensweisen beim Stellen einer Forderung	- Flip-Chart
4. Bearbeitung des Themas „Selbst und Fremdwahrnehmung"	- Fremdwahrnehmung der Mimik - Eigenwahrnehmung des Körpers	- Arbeitsblatt „Wahrheit und Lüge" (A-K-4-1) - Arbeitsblatt „Erkennen von Gefühlszuständen" (A-K-4-2) - Entspannungsübung (S-4-1)
5. Hausaufgabe und Abschluss	- Selbstbeschreibung von angenehmen und unangenehmen Situationen	- Hausaufgabenblatt (H-K-4)

Stunde 4: Selbst- und Fremdwahrnehmung

Inhalte und Zielsetzung der Sitzung im Überblick

Diese Stunde ist eigentlich als Fortsetzung der vorhergehenden Stunde „Gefühle" zu sehen. Sich selbst und auch andere Personen wahrzunehmen setzt voraus, dass man Gefühle erkennen und ausdrücken kann und gleichzeitig die damit verbundene Reaktion seines Gegenübers erkennen und deuten kann. Genauso wichtig ist es, dem anderen zuzuhören, um für dessen Gefühle Verständnis zeigen zu können. Nur so ist es möglich, Wertschätzung zu bekommen und entgegenzubringen.

Gegenseitige Achtsamkeit ist wichtig für den Alltag. Es erleichtert den Umgang mit Eltern, Lehrern, Gleichaltrigen aber auch zum Beispiel mit der Arzthelferin, dem Beamten am Bahnhofsschalter oder dem Handwerker, der die Waschmaschine repariert.

Selbst- und Fremdwahrnehmung ermöglicht, Beziehungen aufzunehmen. Sei dies nun für längere Zeit in Form einer engen Beziehung oder aber nur für eine kurze Begegnung, um eine sachliche Information zu erhalten.

Checkliste: *Ausstattung und Materialien*

Ausstattung	Materialien
• Stühle (Anzahl der Teilnehmer +2) • Flip-Chart mit Stiften oder Tafel	• Leitfaden für die Therapeuten • Türschild „Bitte nicht stören" • Arbeitsmappen der Teilnehmer • Arbeitsblatt „Wahrheit und Lüge" (A-K-4-1) • Arbeitsblatt „Erkennen von Gesichtsausdrücken"(A-K-4-2) • Anleitung zur Muskelanspannung (S-4-1) • Hausaufgabenblatt (H-K-4)

Durchführung

1) Begrüßung und Blitzlichtrunde

Begrüßen Sie die Kinder und führen Sie ihr Ritual durch. Denken Sie bitte daran, dass es wichtig ist, die Struktur der Stunden einzuhalten.

II Manual zum „Gruppentraining sozialer Fertigkeiten"

> *Trainer A*: Hallo, schön euch wieder alle zu sehen. Wir möchten wie immer mit unserem Blitzlicht beginnen. Inzwischen kennt ihr das alle schon und ich muss es nicht mehr erklären. Jeder soll wie bei einem Wetterbericht kurz sagen, wie es ihm geht und auch wie die Woche verlaufen ist.

Teilen Sie anschließend die Arbeitsmappen aus.

> *Trainer B*: Wer von euch kann denn wiederholen, worüber wir letzte Stunde gesprochen haben? Wer weiß das noch? Es soll auch nur ganz kurz sein.

Dies sollte nur eine kurze Einheit zur Wiederholung und Verinnerlichung sein, um am Thema anknüpfen zu können.

2) Hausaufgabenbesprechung

Bitten Sie die Kinder, das Hausaufgabenblatt der vergangenen Stunde zur Hand zu nehmen. Lassen Sie alle Kinder kurz berichten.

> *Trainer B*: Wir möchten euch bitten, die Hausaufgabe der letzten Woche zur Hand zu nehmen. Ihr hattet die Aufgabe, euch selbst zu beobachten. Wer möchte beginnen, zu erzählen, wann er in der letzten Woche glücklich, traurig oder zornig war?

3) Einführung in das Thema „Selbst- und Fremdwahrnehmung"

> *Trainer A*: Ihr alle kennt die Situation, dass ihr mal zu Mama oder Papa gegangen seid und von denen etwas Bestimmtes gewollt habt. Vielleicht ein neues Computerspiel oder ihr wolltet bei einem Freund oder der Freundin übernachten. Habt ihr das alle schon einmal erlebt?
>
> Wie seid ihr da vorgegangen, habt ihr da einen bestimmten Zeitpunkt abgewartet oder wie habt ihr versucht, euer Ziel zu erreichen?

Inhalt des Gespräches sollte sein, dass man auf die Befindlichkeit des anderen achtet, um eine Forderung zu stellen. Sammeln Sie die Gesprächsbeiträge der Teilnehmer auf dem Flip-Chart und verstärken Sie besonders Beiträge, die beinhalten, dass man einen guten Moment abwarten sollte und dies abhängig ist von der Befindlichkeit des anderen. Falls von den Gruppenteilnehmern kein Beitrag in dieser Richtung kommt, lenken Sie die Kinder dorthin.

Stunde 4: Selbst- und Fremdwahrnehmung

> *Trainer B*: Es ist also ungünstig, Papa nach einem neuen Spiel zu fragen, wenn er gerade müde und schlapp von der Arbeit kommt. Oder wenn Mama gerade genervt und gestresst ist und ich frage, ob ich bei meinem Freund übernachten darf. Genauso kann es aber jedem von uns gehen. Wenn ich gerade Ärger mit jemandem habe, ist es ungünstig, mich zu fragen, ob ich zum Beispiel mein neues Buch verleihe.
>
> Um so passende Momente aussuchen zu können, ist es also wichtig zu erkennen, wie es meinem Gegenüber und wie es mir gerade geht.

Wie lange und ausführlich Sie diese Unterhaltung fortführen hängt von der Aufmerksamkeitsfähigkeit der Gruppe ab. Wird die Gruppe unruhig, dann setzen sie die Themenbearbeitung mit der folgenden Übung fort.

4) Fremdwahrnehmung der Mimik

> *Trainer A*: Ich teile jedem von euch ein Blatt aus. Auf dem Blatt stehen zwei Aussagen. Eure Aufgabe ist es nun, den Satz zu vervollständigen. Ihr dürft bei einer Aussage lügen, dass sich die Balken biegen. Eine der Aussagen soll stimmen, also da sollt ihr die Wahrheit schreiben und eine soll gelogen sein.

A-K-4-1

Lassen Sie den Kindern ca. fünf Minuten Zeit. Wenn nötig, helfen Sie ein wenig, vielleicht haben manche Kinder Schwierigkeiten mit dieser Übung. Meistens aber macht es den meisten Kindern Spaß, endlich einmal lügen zu dürfen. Möglicherweise müssen Sie einzelne Kinder unterstützen. Wenn Sie merken, dass die Gruppe Schwierigkeiten mit dieser Übung hat, geben Sie ein Beispiel vor.

> *Trainer B*: Jetzt bin ich richtig gespannt. Einer kann uns jetzt seine zwei Aussagen vortragen und die anderen sind die Detektive und versuchen herauszubekommen, welche der beiden Aussagen gelogen ist.

Jedes Kind sollte die Möglichkeit bekommen, seine Lüge vorzutragen. Werten Sie im Anschluss noch aus, woran die einzelnen Kinder erkennen konnten, was eine Lüge war bzw. wer am besten lügen konnte. Wie war der Gesichtsausdruck usw.

> *Trainer A*: Wir haben noch ein weiteres Arbeitsblatt für euch. Auf diesem Arbeitsblatt sind Menschen mit verschiedenen Gesichtsausdrücken abgebildet. Wir möchten euch bitten, euch die Gesichter genau anzusehen. Bitte erinnert euch dabei an das, was wir besprochen haben. Versucht zu erkennen, wie es demjenigen auf dem Bild gehen mag. Manchmal können auch mehrere Gefühlsausdrücke zutreffen.
>
> Diese Übung sollte jeder für sich alleine machen.

Auch dieses Arbeitsblatt sollte kurz in der Gesamtgruppe ausgewertet werden. Bekräftigen Sie die richtigen Antworten der Kinder. Bitte achten Sie darauf, dass alle Kinder an der Auswertung beteiligt sind.

A-K-4-2

5) Eigenwahrnehmung des Körpers

Trainer A: Das hat mir jetzt wirklich Spaß gemacht. Nun möchten wir mit euch aber noch eine letzte Übung machen. Bis jetzt ging es darum, auf die Befindlichkeit des anderen zu achten. Jetzt dürft ihr einmal nur auf euch selbst achten. Versucht in der folgenden Übung euch und eueren Körper zu beobachten. Beobachtet bitte, wie die Übung überhaupt für euch ist. Ist sie unangenehm, was kommen dabei für Gedanken in den Kopf, hat sie mir gut gefallen oder war sie mir unangenehm?

Muskelanspannung: Anleitung siehe Blatt S-4-1
Werten Sie bitte diese Übung anschließend mit den Kindern aus.
- Wie sind solche Übungen für mich?
- Welche Gedanken hatte ich dabei?
- Was hat mir gefallen, was hat mir nicht gefallen oder war mir unangenehm?
- Habe ich das Kribbeln gespürt?

S-4-1

6) Hausaufgabe

Trainer B: Leider ist unsere Zeit schon wieder um, wir haben noch eine kleine Hausaufgabe für euch.

Es ist eine Art Detektivbogen. Bitte beobachtet euch in der nächsten Woche, was euch angenehm ist, also was ihr gerne mögt. Das kann Essen sein oder eine Fernsehsendung, Kleidung, also alles Mögliche. Dann beobachtet bitte, was mag ich nicht oder ist mir unangenehm? Vielleicht eine Situation in der Schule oder beim Zahnarzt. Alles, was euch dazu einfällt. Ich hoffe, ihr habt das verstanden, wenn nicht, dann fragt bitte noch einmal nach.

Vergesst nicht, eure Hausaufgabe mitzunehmen. Bis nächste Woche (Tag und Uhrzeit).

Um zu überprüfen, ob die Kinder die Hausaufgabe verstanden haben, können Sie sich ein paar Beispiele von den Kindern nennen lassen.
Achten Sie darauf, dass alle die Hausaufgabe in die dafür vorgesehenen Mappen einpacken und mit nach Hause nehmen.

H-K-4

Zeichnen Sie die Teilnahmebestätigung der Kinder ab.

Wahrheit und Lüge

Als ich klein war, hatte ich immer am meisten Angst, wenn (weil)

....
....
....
....
....
....
......

Im Allgemeinen bin ich ein _____ Schüler in der Schule, weil

....
....
....
....
....
....

A-K-4-1

Erkennen von Gefühlszuständen

Bitte schau Dir die nächsten Bilder genau an und überlege Dir, zu welchem Gefühlzustand die einzelnen Gesichtsausdrücke passen könnten!
Es kann auch mehrere Möglichkeiten geben, bitte schreibe Deine Ideen unter das Bild!

A-K-4-2

Entspannungsübung

Leg´ dich bitte auf den Rücken, ... mach´ die Augen zu ... und versuch´, ruhig zu werden.

In der Natur wechseln sich sehr oft die Gegensätze ab:

Auf Ebbe folgt Flut, auf Winter folgt der Sommer und auf die Nacht der Tag.

So ist es auch mit der Entspannung:

Es fällt den Muskeln leichter loszulassen, wenn sie vorher angespannt waren.

Spanne jetzt einmal deine Muskeln im Bauchbereich an. Halte sie kurz angespannt ... und lass´ sie wieder los.

Fühle, wie sich die Entspannung jetzt voll ausbreiten kann.

Jetzt versuche es mit dem linken Bein: anspannen ... halten ... loslassen – und spüren, wie es sich entspannt ...

Dann mit deinem rechten Bein: anspannen ... halten ... loslassen ... spüren.

Jetzt ball´ deine beiden Hände zu Fäusten, ... spann´ deine Muskeln in den Armen und in den Schultern an, ... halt´ die Spannung ... und lass´ sie los. Spür´ wie sich alles entspannt.

Jetzt verzieh´ dein Gesicht als ob du etwas Saures gegessen hättest.

Spann´ deine Muskeln im Gesicht und am Hals an ... halte kurz inne ... und lass´ los ...

Spüre in deinem ganzen Körper dem Kribbeln nach, dass dieses Anspannen und entspannen auslöst, ... und lass´ dieses Kribbeln sich ausbreiten.

Gib ihm Platz in deinem Körper, ... lass´ es dich ganz ausfüllen.

Stell´ dir vor, wie es sich bis in die äußersten Winkel und Nischen deines Körpers ausbreitet ...

Wenn du das angenehme Kribbeln überall gespürt hast, lass es sich langsam beruhigen.

(Kurze Pause)

Dein Körper ist entspannt ...

(Aus: Adams, S. (2001). *Fantasiereisen für Jugendliche*. München: Don Bosco Verlag).

Ich beobachte mich

☺	☹
Was ich alles mag:	Was ich alles nicht mag:
Was mir angenehm ist:	Was mir unangenehm ist:

H-K-4

Stunde 5: Beziehungsaufbau und Beziehungsgestaltung

Leitfaden für die fünfte Stunde

Grobstruktur	Inhalt	Arbeitsmaterialien
1. Begrüßung und Blitzlicht	▪ Rückmeldung über die Befindlichkeit anhand eines Wetterberichtes und kurze Wiederholung des Themas der letzten Stunde	▪ Evtl. Wetterkarten
2. Wiederholung und Hausaufgabenbesprechung	▪ Zusammenfassung wichtiger Aspekte der Selbst- und der Fremdwahrnehmung ▪ Besprechung des Hausaufgabenblattes „Ich beobachte mich"	▪ Arbeitsmappen
3. Einführung in das Thema „Beziehungsaufbau"	▪ Sammeln von Vorstellungen zum Thema „Freundschaft"	▪ Flip-Chart
4. Rollenspiel zum Thema „Beziehungsaufbau"	▪ Geschichte vorlesen lassen ▪ Videographiertes Rollenspiel ▪ Auswertung des Rollenspiels mit Schwerpunkt auf gelungene Sequenzen	▪ Arbeitsblatt „Rollenspiele" (A-K-5-1) ▪ Videokamera, Abspielgerät und Fernseher ▪ Flip-Chart
5. Vertrauensspiel (S-5-1)	▪ Führen eines Partners mit verbundenen Augen	▪ Tücher zum Verbinden der Augen
6. Hausaufgabe und Abschluss	▪ Verabredung treffen	▪ Hausaufgabenblatt (H-K-5)

Stunde 5: Beziehungsaufbau und Beziehungsgestaltung

Inhalte und Zielsetzung der Sitzung im Überblick

Beziehung gestaltet sich durch Kommunikation. Nach der Bearbeitung der Grundlagen im Bereich Kommunikationsgestaltung und Wahrnehmung von Gefühlen wird in dieser Einheit ein erster Transfer auf gezielte Situationen geleistet.

Die Gestaltung eines Erstkontaktes beim Aufbau einer Beziehung bzw. Freundschaft ist vielfach entscheidend darüber, wie sich ein Kontakt weiter gestaltet. Ist die Hürde der Unsicherheit, auf andere zu zugehen, überwunden und konnten möglicherweise erste Frustrationen oder Ablehnungen ausgehalten werden, müssen Möglichkeiten zur Vertrauensfindung geschaffen werden.

Zu beachten ist, dass die Kinder mit Defiziten in sozialen Situationen wenige oder oft negative Erfahrungen mit dem Thema Freundschaft gemacht haben und vieles auch mit dem intensiven Wunsch nach Anerkennung verbunden ist.

In dieser Stunde wird mit der Videokamera gearbeitet, so dass die Teilnehmer die Erfahrungen des Rollenspiels gemeinsam auswerten können. Sie erhalten dadurch die Möglichkeit, ihr Verhalten und ihr Wirken auf andere zu bewerten.

Checkliste: *Ausstattung und Materialien*

Ausstattung	Materialien
• Stühle (Anzahl der Teilnehmer + 2) • Flip-Chart mit Stiften oder Tafel • Videokamera mit Fernseher und Abspielgerät	• Leitfaden für die Therapeuten • Türschild „Bitte nicht stören" • Arbeitsmappen der Teilnehmer • Arbeitsblatt „Rollenspiele" (A-K-5-1) • 3-4 Tücher zum Verbinden der Augen • Hausaufgabenblatt (H-K-5)

Durchführung

1) Begrüßung und Blitzlichtrunde

Führen Sie die gewohnten Abläufe durch: Vorbereitungen abschließen, Schild „Bitte nicht stören" aushängen, Gruppe begrüßen und Blitzlichtrunde.

> *Trainer A*: Hallo! Wir möchten auch heute mit unserem Blitzlicht beginnen. Wir machen wieder eine Runde, bei der jeder sagen soll, wie es ihm geht und auch, wie die Woche verlaufen ist.

Teilen Sie abschließend die Mappen aus.

2) Kurze Wiederholung und Besprechung der Hausaufgaben

Lassen Sie die Inhalte der letzten Stunde kurz wiederholen. Arbeiten Sie dabei heraus, dass
- andere Menschen uns auf der Basis von Mimik, Gestik und Sprache wahrnehmen,
- wir uns selbst auf der Basis von Gefühlen und Gedanken wahrnehmen.

Fordern Sie die Kinder dann auf, ihre Hausaufgabenblätter herauszulegen.

> *Trainer B*: Wer von euch kann denn wiederholen, worüber wir letzte Stunde gesprochen haben? Wer weiß das noch? Es soll auch nur ganz kurz sein ...
>
> Ja genau, wir haben durch Übungen gelernt, dass wir die anderen Menschen wahrnehmen, und dass wir uns selbst wahrnehmen. Wie wir andere wahrnehmen hängt davon ab, welchen Gesichtsausdruck sie haben, wie ihre Körperhaltung ist und wie sie etwas sagen und was sie sagen.
>
> Bei uns selbst ist vor allem wichtig, wie wir uns fühlen und was wir denken.
>
> Wir hatten dazu auch eine Hausaufgabe. Es war ein Detektivbogen, mit dem ihr beobachten solltet, was für euch angenehm und was unangenehm ist. Holt die Blätter raus und lasst uns mal sammeln, was ihr gefunden habt.

3) Einführung in das Thema „Beziehungsaufbau"

> *Trainer B*: Für uns alle ist es wichtig, jemanden zu haben, der uns mag und mit dem wir viel Spaß zusammen haben. Einen, der uns freundlich behandelt. Wir haben in den letzten Stunden besprochen, was alles zur Kommunikation gehört, wie man sich fühlt und woran man erkennen kann, wie sich andere fühlen. Das sind alles Fähigkeiten, die Menschen brauchen, um Freunde zu finden und Freundschaften zu haben.
>
> Wir wollen zusammen einmal überlegen, warum ihr, also jeder von euch, einen Freund oder eine Freundin braucht oder sich wünscht. Vielleicht hat auch schon einer einen Freund, dann kann er den anderen gut weiterhelfen.

Sammeln Sie die Beiträge der Kinder auf dem Flip-Chart. Passen Äußerungen nicht direkt, versuchen Sie die Kinder dabei zu unterstützen, diese umzuformen.

Loben Sie die Kinder auch wieder, wobei nun nicht mehr alle Statements einer direkten Verstärkung bedürfen.

Stunde 5: Beziehungsaufbau und Beziehungsgestaltung

4) Rollenspiel zum Thema „Beziehungsaufbau"

> *Trainer B*: Ihr habt sehr viele und schöne Ideen, weshalb ein Freund etwas Tolles ist. Ich weiß aber, dass es oft gar nicht so einfach ist, einen Freund zu finden. Wir wollen in dieser Stunde miteinander üben, wie man zu anderen Kindern Kontakt aufnehmen kann. Wir haben ein Arbeitsblatt vorbereitet, auf dem eine Situation beschrieben ist, in der ein Kind Kontakt zu anderen Kindern knüpfen will. Wer liest denn mal die Geschichte vor?

Lassen Sie die erste Geschichte vorlesen, achten Sie darauf, dass Sie kein Kind durch das Vorlesen vor der Gruppe bloßstellen.

(Die zweite Situation auf dem Arbeitsblatt dient als Alternative.)

A-K-5-1

> *Trainer A*: So, jetzt wissen wir, ein Kind ist bei der Tante zu Besuch und sucht sich Spielpartner. In unserer Gruppe wollen wir ja gemeinsam üben. Deshalb möchten wir mit euch diese Geschichte einmal nachspielen. Wir wollen das auch mit der Kamera aufnehmen und danach gemeinsam ansehen.

(Lesen Sie zu diesem Punkt erst S. 34 „Umgang in der Arbeit mit der Videokamera", wenn Sie noch keine Erfahrung haben.)

> *Trainer A*: Wer von euch kann das denn schon, auf einem Spielplatz Kontakt zu anderen aufnehmen? Schön _____, dann darfst du die Hauptrolle in unserem ersten Film heute spielen. Wir spielen alle mit in Nebenrollen.

Lassen Sie alle Kinder mitspielen. So trägt jeder ein kleines Stück dieser ungewohnten Situation vor der Kamera und niemand sitzt untätig an der Seite. Alle Kinder erhalten so einen Erstkontakt mit der Kamera und Sie verstärken noch einmal den Aspekt „Gemeinsames Üben in der Gruppe".

> *Trainer A*: _____, was möchtest du denn beachten beim Aufnehmen von Kontakt?

Bieten Sie Hilfen an wie: „Erinnerst du dich, was wir in den anderen Stunden geübt haben, gibt es da etwas?" oder „Wer kann _____ helfen?" Wiederholen Sie auf diese Weise die Sachinhalte der Kommunikation noch einmal. Wenn es Ihnen möglich ist, dann machen Sie aus dieser Einheit eine Realsituation und verlegen Sie die Gruppe auf einen Spielplatz, um noch mehr Transparenz zu erlangen.

> *Trainer B*: Wir anderen sind Kinder auf dem Spielplatz. Wer mag was spielen?

Kinder haben hier meist gute Vorstellungen, greifen Sie diese auf. Sollte es eine sehr gehemmte Gruppe sein, so geben Sie Spielinhalte vor.

Sie können den Film auch in verschiedenen Rollenverteilungen aufnehmen. Unterbrechen Sie einzelne Sequenzen, nachdem die Aufgabenstellung der Erstkontaktgestaltung erfüllt wurde. Eine Spielsequenz sollte nicht länger als ein bis zwei Minuten sein.

Im Anschluss analysieren Sie die Sequenzen mit den Kindern, indem Sie diese mit den Kindern anschauen und auf Flip-Chart festhalten, was den Kindern gut gelungen ist. Es ist besonders wichtig, positive Interaktionen und gelungene Inhalte herauszustreichen.

> *Trainer B:* _____, wie war es denn für dich, die Hauptrolle zu spielen? Was ist dir aufgefallen? Meinst du, du hast die Aufgabe gut gelöst?
> Was ist denn gut gelungen?

Verlangen Sie bei dieser ersten Videoaufzeichnung nicht zu detaillierte Antworten. Versuchen Sie jedoch, ein paar Begrifflichkeiten aus der Gefühlsstunde einfließen zu lassen. Das heißt konkret, fügen Sie Eigenschaftswörter in die Fragen ein oder unterstützen Sie durch Nachfragen. Ein Beispiel: „Bist du stolz, das geschafft zu haben? – Welches Wort beschreibt am besten, wie du dich jetzt fühlst?"

Auch wenn Ihnen dieser Stil zunächst ungewöhnlich erscheint und wenig realitätsnah – in den Trainingsstunden ist er unerlässlich, um den Kindern den Transfer in alltägliche Situationen zu ermöglichen.

Fragen Sie dann die anderen Kinder nach Ihren Beobachtungen in der veränderten Form.

> *Trainer B:* „Was ist euch aufgefallen? Meint ihr, _____ hat die Aufgabe gut gelöst? Was hätte _____ anders machen können?"

Lassen Sie jedes Kind kurz etwas dazu beitragen.

> *Trainer A:* Für viele von euch ist es bestimmt ein bisschen ungewöhnlich oder witzig, sich im Fernsehen anzuschauen und anzuhören. Wir wollen trotzdem einmal auf die Dinge achten, die wir vorher zur Kommunikation besprochen und vereinbart haben.

Befragen Sie danach noch einmal in genannter Weise die Kinder nach ihren Beobachtungen. Zuerst das Kind mit der Hauptrolle und dann die anderen Kinder. Wichtig ist, dass gemeinsam konstruktive Möglichkeiten gesucht werden, wenn die Zielsetzung der Situationsübung nicht erreicht wurde. Ermuntern Sie das Kind oder die Kinder dann auch dazu, die Situation noch einmal verändert durchzuführen, sodass ein Erfolgserlebnis verzeichnet werden kann.

Stunde 5: Beziehungsaufbau und Beziehungsgestaltung

5) Vertrauensspiel

Dieses Spiel soll Lockerung nach dem langen Videoteil bringen. Zum anderen ist es eine Möglichkeit um Vertrauen zu schaffen. Das fördert den Gruppenprozess und ist zugleich eine Vorbereitung auf die folgenden Stunden.

S-5-1

> *Trainer B*: Nun habt ihr wirklich lange gut mitgearbeitet. Wir wollen nun noch ein Spiel zusammen machen, das ihr auch einmal anderen Kindern vorschlagen könnt. Immer zwei Kinder gehen zusammen. Ich habe hier für jede Gruppe ein Tuch. Ein Kind lässt sich die Augen verbinden und das andere Kind führt es einmal blind durch ein paar Räume. Danach dürft ihr wechseln.

6) Besprechung der Hausaufgaben und Abschluss

> *Trainer A*: Heute war eine sehr anstrengende Stunde. Ihr dürft stolz darauf sein, was ihr heute alles geschafft habt. Für zu Hause habt ihr dieses Mal die Aufgabe, euch mit anderen zu verabreden. Ob ihr das in der Schule macht oder am Telefon, das ist egal. Nicht erlaubt ist eine Verabredung in schriftlicher Form, also Brief, E-Mail oder SMS. Dazu haben wir auch ein Blatt vorbereitet, das euch an die wichtigsten Dinge erinnern soll und auf dem ihr eure Beobachtungen aufschreiben könnt.

H-K-5

Verteilen Sie das Hausaufgabenblatt und lesen Sie es noch einmal kurz mit den Kindern durch. Beantworten Sie anstehende Fragen, so dass die Kinder gut vorbereitet nach Hause gehen.
Beenden Sie die Stunde mit dem Einsammeln der Mappen und dem gemeinsamen Ritual.

Zeichnen Sie die Teilnahmebestätigung der Kinder ab.

Rollenspiele

Situation 1:

Du bist bei deiner Tante zu Besuch. Gleich in der Nähe gibt es einen Spielplatz, auf dem fremde Kinder mit einem Ball spielen. Du möchtest die Kinder kennen lernen und mit ihnen Ball spielen.

Aufgabe
Was kannst du tun?
Welche Dinge musst du beachten?

Situation 2:

Deine Familie ist umgezogen. Du siehst von eurer Wohnung aus immer ein paar Jungs und Mädchen, die sich an einer Bank in der Nähe treffen. Sie haben ungefähr dein Alter und du möchtest sie kennen lernen.

Aufgabe:
Was kannst du tun?
Was solltest du beachten?

A-K-5-1

Kontaktgestaltung

> Ich spreche laut, aber schreie nicht.
>
> Ich spreche deutlich.
>
> Ich spreche langsam.
>
> Ich spreche den anderen direkt an, dann weiß er, dass er gemeint ist.
>
> Ich lasse den anderen ausreden.
>
> Ich höre gut zu.

Ich verabrede mich mit jemandem in der Schule oder zu Hause. Die Sätze auf dem Plakat helfen mir dabei. Entweder spreche ich ihn direkt an oder ich telefoniere mit ihm.

So war meine Verabredung mit _____:

_____

_____

_____

_____

_____

_____

H-K-5

Übungsblatt „Kontakte aufnehmen 1"

Sprich einen älteren Passanten an und frage ihn nach der Uhrzeit.

Wie hast du dich vor der Situation gefühlt?
_____
_____

Wie hast du dich nach der Situation gefühlt?
_____
_____

Wie hast du deine Kontaktperson wahrgenommen?
_____
_____

Frage einen Gleichaltrigen nach einem guten Sportgeschäft (evtl. wegen neuen Inlineskates).

Wie hast du dich vor der Situation gefühlt?
_____
_____

Wie hast du dich nach der Situation gefühlt?
_____
_____

Wie hast du deine Kontaktperson wahrgenommen?
_____
_____

Ergänzungsmaterial zu Stunde 5

Übungsblatt „Kontakte aufnehmen 2"

1. Sprich eine erwachsene Person an der Bushaltestelle an und frage, mit welchem Bus du zu _____ kommst.

2. Frage nach der _____. Lass dir den Weg genau beschreiben und frage noch einmal nach, falls notwendig.

3. Sprich einen erwachsenen Passanten an und bitte ihn, Geld für dich zu wechseln. Z.B: eine 2,- €-Münze in zwei 1,- €-Münzen.

Überlege dir vorher gut, worauf du achten möchtest, wenn du eine fremde Person ansprichst! Was ist wichtig dabei?
_____
_____
_____

Wie waren die einzelnen Situationen für dich? Was war besonders schwierig?
zu 1: _____
_____
zu 2: _____
_____
zu 3: _____
_____

Worauf willst du beim nächsten Mal besonders achten?
_____
_____
_____

Ergänzungsmaterial zu Stunde 5

Stunde 6: Wünsche und Bedürfnisse äußern

Leitfaden für die sechste Stunde

Grobstruktur	Inhalt	Arbeitsmaterialien
1. Begrüßung und Blitzlicht	▪ Rückmeldung über die Befindlichkeit in einer Partnerübung anhand eines Wetterberichtes	▪ Evtl. Wetterkarten
2. Kurze Wiederholung und Hausaufgabenbesprechung	▪ kurze Wiederholung des Themas „Beziehungsaufbau und Beziehungsgestaltung" ▪ Besprechung des Hausaufgabenblattes „Verabredung"	▪ Hausaufgabenblätter
3. Einführung in das Thema „Wünsche und Bedürfnisse"	▪ Sammeln von Vorstellungen über Wünsche und Bedürfnisse in einer Freundschaft	▪ Flip-Chart
4. Bearbeitung des Themas „Wünsche und Bedürfnisse"	▪ Formulierungshilfen für Wünsche und Forderungen ▪ Spiel „Wünsche/Forderungen stellen und Ablehnen/Erfüllen"	▪ „Satzkarten" (S-6-1) ▪ „Wunsch-Bitte"-Würfel (S-6-2) ▪ „Erfüllen-Ablehnen"-Würfel (S-6-3) ▪ Bilderkarten (S-6-4)
5. Vertiefung des Themas „Wünsche und Bedürfnisse"	▪ Einzelarbeit „Lösungsmöglichkeiten"	▪ Arbeitsblatt „Selbstsicher Forderungen stellen" → Situationen (A-K-6-1)
6. Hausaufgabe und Abschluss	▪ Übung im natürlichen Setting	▪ Hausaufgabenblatt (H-K-6)

Stunde 6: Wünsche und Bedürfnisse äußern

Inhalte und Zielsetzung der Sitzung im Überblick

Eine Unterhaltung beginnen, sich an ein Spiel anschließen – die erste Hürde ist geschafft. Doch was nun, wenn man den Ersatzmann spielen soll und das überhaupt nicht möchte?

Das Äußern von Wünschen und Bedürfnissen ist eine wichtige Fähigkeit, um Freundschaften ausbauen und aufrechterhalten zu können. Die Mitteilung der eigenen Befindlichkeit ermöglicht den Aufbau der erweiterten Kommunikation zur Gestaltung einer vertrauensschaffenden Beziehung. Oftmals fällt dieser Punkt den Kindern besonders schwer. Es verlangt zuerst einmal, eigene Bedürfnisse und Wünsche bei sich wahrzunehmen, bevor diese gefordert und durchgesetzt werden können. Dazu gehört dann auch „Nein" sagen zu lernen, sowie Kritik und Lob zu verteilen.

Es ist notwendig, darauf zu achten, dass die Kinder die Ziele dieser Stunde erreichen. Denn sie legen den Grundstock dafür, wie Konfliktsituationen gelöst werden können.

Checkliste: *Ausstattung und Materialien*

Ausstattung	Materialien
• Stühle (Anzahl der Teilnehmer + 2) • Flip-Chart mit Stiften oder Tafel	• Leitfaden für den Therapeuten • Türschild „Bitte nicht stören" • Arbeitsmappen der Teilnehmer • „Satzkarten" (S-6-1) • „Wunsch-Bitte"-Würfel (S-6-2) + Bilderkarten sowie „Erfüllen-Ablehnen"-Würfel (S-6-3) • Bildkarten (S-6-4) • Arbeitsblatt (A-K-6-1) • Hausaufgabenblatt (H-K-6)

Durchführung

1) Begrüßung und Blitzlichtrunde

Beginnen Sie Ihre Stunde im gewohnten Ablauf. Sie können heute zur Abwechslung eine veränderte Variante des Blitzlichts durchführen.

> *Trainer A*: Für unsere Blitzlichtrunde haben wir uns heute einmal etwas zur Abwechslung ausgedacht. Ihr dürft euch nun erst einmal zu zweit darüber besprechen, wie euer Wetterbericht heute aussieht und ob ihr ein Thema zum Besprechen habt. Danach stellt jeder der Reihe nach die Informationen seines Partners vor. Ihr habt nun ein paar Minuten Zeit, euch auszutauschen.

Mit dieser Variante fördern Sie zugleich Kommunikation und Kontaktgestaltung sowie freies Sprechen über Informationen eines anderen.

Führen Sie dann die Blitzlichtrunde durch und loben Sie die Kinder für das Gelingen der erschwerten Aufgabe.

2) Kurze Wiederholung und Besprechung der Hausaufgabe

Fordern Sie die Kinder auf, ihr Hausaufgabenblatt bereitzulegen. Fordern Sie ein Kind auf, die Inhalte der letzten Stunde kurz zu wiederholen und besprechen Sie die Hausaufgaben.

> *Trainer B*: Wer kann für uns denn kurz zusammenfassen, was wir in der letzten Stunde besprochen und geübt haben?
> Als Hausaufgabe hattet ihr ja die Aufgabe, euch mit anderen zu verabreden. Dabei solltet ihr auch die Regeln der Kommunikation beachten. Wie hat es denn bei dir geklappt, _____? Lies uns doch mal vor, welche Notizen du dir gemacht hast.

Bauen Sie je nach Ausführlichkeit der Darstellung folgende Fragen als Hilfe ein:
- „Wie ist es dir dabei ergangen?"
- „Was hast du gedacht?"
- „Wie hast du dich gefühlt?"
- „Wie hätte es anders laufen können?"

Beziehen Sie in der Bearbeitung der letzten Frage ruhig auch die anderen Kinder mit ein.

Nehmen Sie so jedes Kind kurz dran. Trainer B notiert in der Zwischenzeit die schwierigen Situationen, um sie später für eventuelle Rollenspielsituationen parat zu haben.

3) Einführung in das Thema „Wünsche und Bedürfnisse"

> *Trainer A*: Für die Schwierigkeiten, die uns bei den Verabredungen aufgefallen sind, wollen wir heute Hilfen sammeln und üben. Wir trainieren deshalb, wie man Forderungen stellen kann, d.h. wie man seine Wünsche und Bedürfnisse äußern kann oder wie man auch „Nein" zu anderen sagen kann. Was meine ich denn mit Wünschen und Forderungen in einer Freundschaft? Hat jemand eine Idee?

Stunde 6: Wünsche und Bedürfnisse äußern

Sammeln Sie die Anregungen der Teilnehmer auf dem Flip-Chart und fassen Sie sie dann zusammen:
- Wünsche können sein: sich verabreden wollen, Geheimnisse für sich behalten wollen, Hilfe bei Hausaufgaben, etwas ausleihen wollen
- Mögliche Forderungen: nicht streiten, teilen können, etwas Geliehenes zurückverlangen

Trainer A: Wir haben nun viele gute Beispiele gefunden. Da ich weiß, dass es manchmal gar nicht so einfach ist, seine Wünsche und Forderungen auszudrücken, haben wir ein paar Karten vorbereitet. Jeder von euch bekommt diese Karten auch auf einem Arbeitsblatt, dann habt ihr sie zu Hause auch als Hilfe.

S-6-1

Legen Sie die Satzkarten in die Mitte und lesen Sie diese vor. Beachten Sie bei den Ablehnungen die Technik des Abmilderns. D.h. in der Ablehnung etwas Nettes zu sagen oder auch einen Kompromiss vorzuschlagen. Ein Beispiel für eine abgemilderte Antwort bei der Frage, ob jemand mit ins Schwimmbad kommt: „Ich freue mich, dass du mit mir ins Schwimmbad möchtest, heute mag ich jedoch nicht mitkommen, vielleicht können wir ja auch ein anderes Mal gehen."

4) Durchführung des Themas

S-6-1/2/3/4

Im folgenden Spiel werden mögliche Wünsche und Bitten sowie deren Erfüllung oder Ablehnung geübt. Dazu zieht ein Kind eine Bildkarte, diese stellt den Gegenstand dar, über den eine Bitte oder ein Wunsch formuliert werden soll. Der Würfel „Wunsch-Bitte" repräsentiert die beiden Möglichkeiten, der Würfel „Erfüllen-Ablehen" die möglichen Reaktionen auf den Wunsch oder die Bitte.

In dieser Stunde sollte jedes Kind zum Üben kommen. Motivieren Sie die Ängstlicheren und fordern Sie ruhig auch mal die Übung ein.

Trainer A: Wir machen nun ein kleines Spiel für uns zur Übung mit den Satzkarten, diesen Bilderkarten (zeigen!) und den beiden Würfeln „Wunsch-Bitte" und „Erfüllen-Ablehnen".
Einen von euch brauche ich jetzt einmal bei mir. Schön, _____. Deine Aufgabe ist es nun, eine Karte von den Bilderkarten zu ziehen. Du hast einen *(Kassettenrecorder)* gezogen. Nun würfle bitte einmal mit dem „Wunsch-Bitte"- Würfel. Ein *(Wunsch)*. Nun versuchst du mit einer der Satzkarten einen Wunsch mit dem Kassettenrecorder zu formulieren. Hast du eine Idee?" – „Genau, ich wünsche mir, dass du die Musik leiser drehst." So, ich würfle jetzt mit dem anderen Würfel *(Ablehnen)*. Ich muss deinen Wunsch nun ablehnen. – Nein, ich möchte dieses Lied jetzt so laut hören, aber ich kann die Tür zu meinem Zimmer schließen.

5) Vertiefung des Themas

Verteilen Sie das Arbeitsblatt „Selbstsicher Forderungen stellen" an die Kinder. Aufgabe ist es, selbständig die Situationen zu lösen.

A-K-6-1

> *Trainer B*: Ihr habt nun die Möglichkeit, selbst einmal Lösungen für verschiedene Situationen zu finden. Tragt diese dann in die leeren Zeilen ein. Ihr wisst, es spielt in unserer Gruppe keine Rolle, ob es richtig geschrieben ist, ihr solltet es nur selbst wieder lesen können. Beachtet auch unsere Satzkarten.

Geben Sie den Kindern ca. zehn Minuten Zeit. Beobachten Sie die Gruppe und beenden Sie die Einzelarbeit, wenn die Kinder unruhig werden. Schauen Sie, ob Sie einzelnen langsameren Kindern behilflich sein können oder ob Sie für ein Kind mit Lese- und Rechtschreibschwierigkeiten lesen oder schreiben können bzw. müssen.

Gehen Sie dann Situation für Situation durch. Jeweils ein Kind stellt seine Lösung vor. Fragen Sie die Gruppe danach, ob es für sie in Ordnung ist oder ob jemand auch andere Vorschläge hat. Gibt es Unklarheiten zwischen Lösungen, so regen Sie zum spontanen Spiel der Situation an, um die Lösungen auszuprobieren. So üben die Kinder gleichzeitig das Thema aktiv. Dies können Sie unabhängig von Unklarheiten auch tun, wenn Sie eine sehr schnelle Gruppe haben und noch genügend Zeit übrig ist. Sollten Sie feststellen, dass die Gruppe die Ziele der Stunde nicht erreicht hat, üben Sie die Situationen des Arbeitsblattes in der nächsten Stunde gezielt, wenn möglich auch in einer Videobearbeitung. Richten Sie sich dann nach den Vorgaben der Stunde IV.

6) Verteilen der Hausaufgabe und Verabschiedung

Besprechen Sie mit den Kindern das Hausaufgabenblatt.
Sammeln Sie danach noch die Mappen ein und beenden Sie die Stunde in gewohnter Weise.
Zeichnen Sie die Teilnahmebestätigung der Kinder ab.
Weitere Anregungen zu diesem Thema finden Sie in den Ergänzungsmaterialien zu Stunde 6.

H-K-6-1

> *Trainer A*: Hier sind noch ein paar Situationen, bei denen Forderungen gestellt und Wünsche geäußert werden. Diesmal jedoch nicht hier in der Gruppe, sondern in eurer Umgebung. Überlegt euch zuerst, wie ihr eure Sätze formulieren könnt. Als Hilfe dafür habt ihr das Arbeitsblatt aus dieser Stunde und die Satzkarten. Sucht euch dann ein Geschäft aus, und probiert eure Sätze aus. Ihr könnt dann auf dem Zettel auch noch eintragen, wie es für euch gelaufen ist. Viel Erfolg!

Satzkarten

„Ich wünsche mir, dass ..."	„Ich möchte gerne ..."
„Nein, ich möchte nicht ..."	„Es ist nett von dir, dass ..., aber ich möchte nicht, weil ..."
„Nein, aber ich kann ..."	

S-6-1

„Wunsch-Bitte"-Würfel

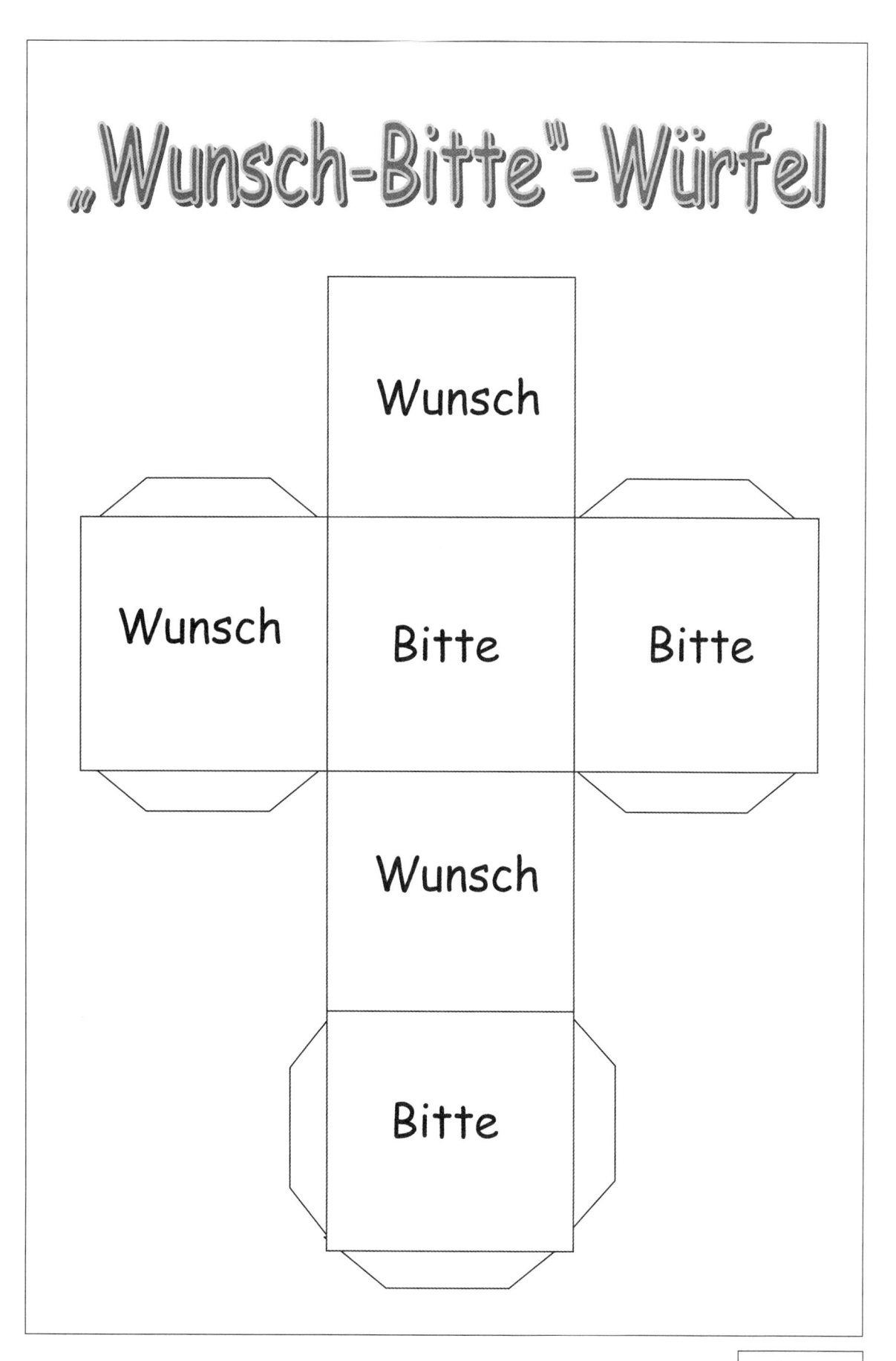

	Wunsch	
Wunsch	Bitte	Bitte
	Wunsch	
	Bitte	

S-6-2

Arbeitsmaterial zu „Stunde 6" aus:
Norbert Beck, Silke Cäsar & Britta Leonhardt. *Training sozialer Fertigkeiten mit Kindern im Alter von 8 bis 12 Jahren.* © by dgvt-Verlag, 2005.

„Erfüllen-Ablehnen"-Würfel

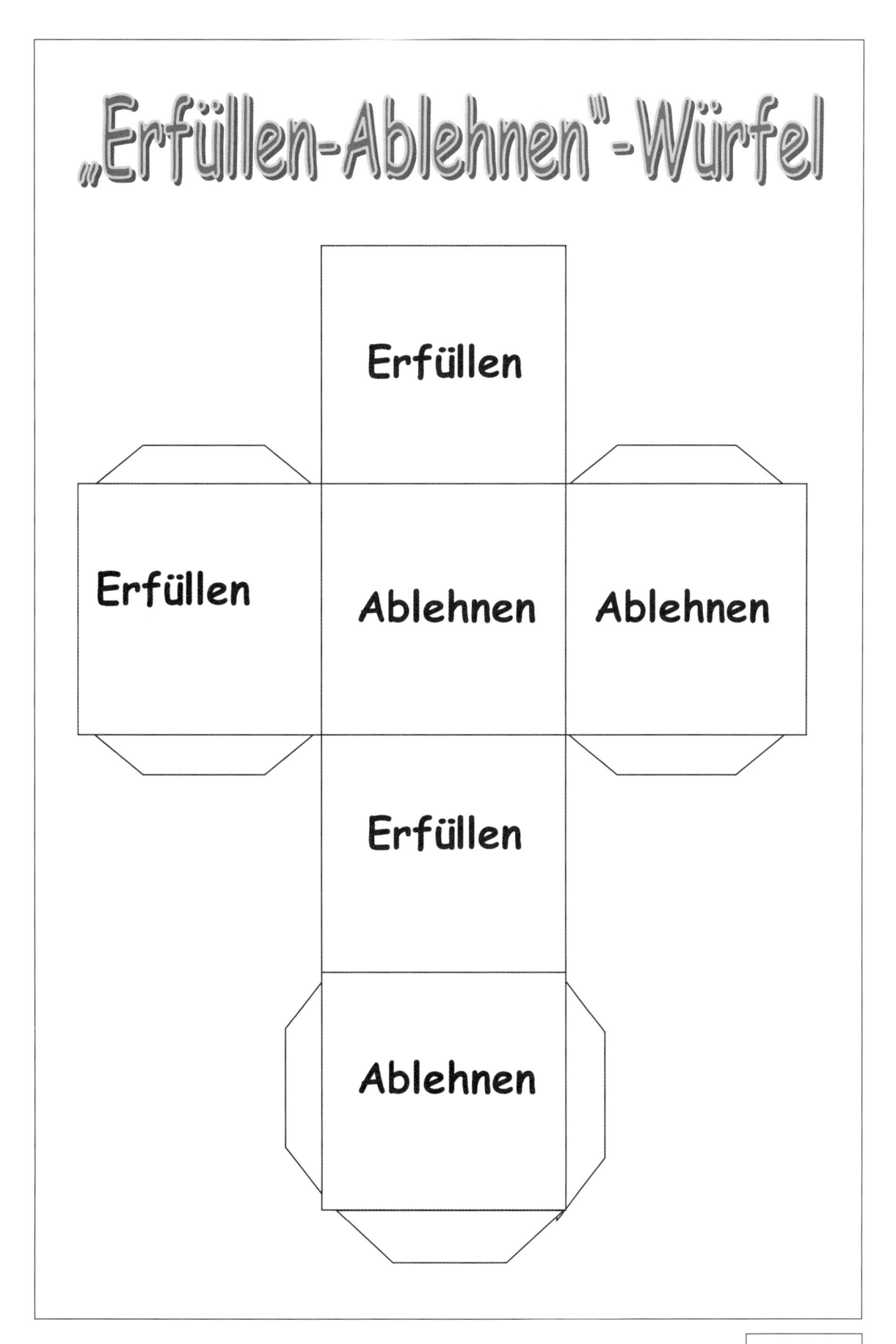

	Erfüllen		
Erfüllen	Ablehnen	Ablehnen	
	Erfüllen		
	Ablehnen		

S-6-3

Arbeitsmaterial zu „Stunde 6" aus:
Norbert Beck, Silke Cäsar & Britta Leonhardt. *Training sozialer Fertigkeiten mit Kindern im Alter von 8 bis 12 Jahren.* © by dgvt-Verlag, 2005.

Bilderkarten

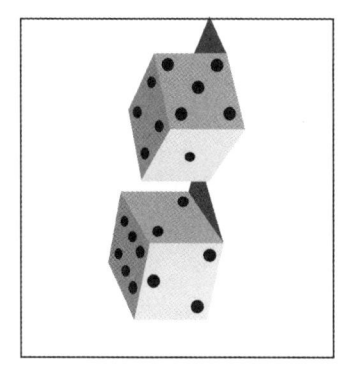

S-6-4

Arbeitsmaterial zu „Stunde 6" aus:
Norbert Beck, Silke Cäsar & Britta Leonhardt. *Training sozialer Fertigkeiten mit Kindern im Alter von 8 bis 12 Jahren.* © by dgvt-Verlag, 2005.

Selbstsicher Forderungen stellen

In folgenden Situationen möchten die Kinder selbstsicher Forderungen stellen. Hilf ihnen dabei und schreibe einen Satz in die Zeilen. Du kannst die Satzkarten zu Hilfe nehmen.

1. Im Unterricht sitzt Simone am Tisch vor Anette. Simone dreht sich mehrmals um, um von Anette den Radiergummi zu nehmen. Anette möchte das nicht.
   Was kann Anette sagen?

   _____
   _____
   _____

2. In der Pause spielt Ralf in der Mannschaft von Klaus und Leo Fußball. Klaus und Leo spielen sich immer nur gegenseitig den Ball zu. Ralf möchte zwischendurch auch den Ball haben.
   Was kann Ralf sagen?

   _____
   _____
   _____

3. Sven lacht oft über die Kleider von Sonja. Sonja mag das nicht.
   Was kann Sonja sagen?

   _____
   _____
   _____
   _____

A-K-6-1

Wünsche und Bedürfnisse

1. Gehe in eine Bäckerei! Schaue dich dort interessiert um und frage die Verkäuferin, wie viel ein Schwarzbrot kostet. Bedanke dich dann und sage, dass du keines kaufen möchtest. Achte auf unsere Kommunikationsregeln! Wie ist dir das gelungen?

   _____
   _____
   _____
   _____
   _____

2. Suche dir selbst eine Situation, in der du etwas ablehnst! Einmal in deiner Familie, einmal in der Schule. Tue dies auf selbstsichere Weise und bedenke unsere Regeln. Schreibe deine Erfahrungen kurz auf.

Situation:	Das überlege ich:	Das sage ich:
Beispiel: Bruder will sich CD ausleihen.	*Ich kann verstehen, dass er meine CD ausleihen möchte, weil sie ihm so gut gefällt.*	*Ich möchte die CD nicht verleihen, weil ich keine Kratzer möchte. Du kannst sie anhören, wenn ich dabei bin.*
In der Familie:		
In der Schule:		

H-K-6

Übungsblatt „'Nein' sagen können"

Deine Aufgabe ist es, Forderungen und Bitten anderer Kinder abzulehnen. Zeige dem anderen durch Abmilderung, dass du ihn verstehst und trage deine Antwort ein.

Frage 1: Gehst du heute mit mir ins Kino?

Lösung 1: Nein, ich komme nicht mit.
Lösung 2: Ich freue mich, dass du mit mir ins Kino willst, aber leider habe ich kein Geld. Wenn du möchtest, können wir bei mir einen Videofilm anschauen.

Frage 2: Kannst du mir mal deine zwei neuen CDs leihen?

Lösung 1: Nein, ich leihe sie dir nicht.
Lösung 2: _____

Frage 3: Darf ich die Hausaufgabe von dir abschreiben?

Lösung 1: Nein, ich lasse dich nicht abschreiben.
Lösung 2: _____

Ergänzungsmaterial zu Stunde 6

Übungsblatt „Selbstsicher Forderungen stellen"

1. Sven macht Hausaufgaben. Seine kleine Schwester spielt im Kaufladen. Sie ist dabei sehr laut. Das stört Sven, denn er kann sich nicht gut auf seine Hausaufgaben konzentrieren.

Was ist passiert?
_____
_____

Was kann Sven tun? Welche Möglichkeiten hat er?
_____
_____

Was würdest du tun?
_____
_____

2. Lisa kauft für ihre Mutter Blumenzwiebeln ein. Beim Nachhauseweg stellt sie fest, dass sie nicht Tulpenzwiebeln, sondern Krokuszwiebeln in der Tasche hat. Die Mutter wollte aber Tulpenzwiebeln. Was kann Lisa tun?

Was ist passiert?
_____
_____

Was kann Lisa tun? Welche Möglichkeiten hat sie?
_____
_____

Was würdest du tun?
_____
_____

Ergänzungsmaterial zu Stunde 6

Übungssituationen für das Rollenspiel

1. Du hast dir ein tolles neues Spiel gekauft. Beim Auspacken zu Hause bemerkst du einen kleinen Fehler an einem Spielstein. Du gehst zurück zum Spielwarenladen und verlangst ein anderes Spiel, das ohne Fehler ist.

   Beachte: Entschuldige dich nicht, sage nur, was du möchtest. Benutze dabei das Wort „Ich" und drücke ruhig deinen Ärger aus. Verlange notfalls nach dem Geschäftsführer.

   Hier kannst du Hilfen aufschreiben, was du tun kannst:

   _____
   _____
   _____

2. Für eine zweistündige Zugfahrt hast du dir eine Platzkarte gekauft. Der Zug ist sehr voll. Auch dein Abteil ist besetzt und ein junger Mann/eine junge Frau sitzt auf deinem Platz. Du forderst ihn/sie auf, dir den Platz zu überlassen.
   Er/sie geht nicht darauf ein.

   Beachte: Werde nicht aggressiv, sei höflich, aber bestimmt. Lass dich nicht auf eine Diskussion ein, sondern wiederhole deine Bitte und bestehe auf dein Recht.

   Hier kannst du Hilfen aufschreiben, was du tun kannst:

   _____
   _____
   _____

Ergänzungsmaterial zu Stunde 6

Stunde 7: Beziehungen und Freundschaften pflegen

Leitfaden für die siebte Stunde

Grobstruktur	Inhalt	Arbeitsmaterialien
1. Begrüßung und Blitzlicht	▪ Rückmeldung über die Befindlichkeit in einer Partnerübung anhand eines Wetterberichtes	▪ Evtl. Wetterkarten
2. Kurze Wiederholung und Hausaufgabenbesprechung	▪ kurze Wiederholung des Themas „Wünsche und Bedürfnisse" ▪ Hausaufgabe „Forderungen stellen" besprechen	▪ Hausaufgabenblätter ▪ Satzkarten S-6-1
3. Bearbeitung des Themas „Loben und Komplimente machen"	▪ Rollenspiel „Loben und Komplimente machen" ▪ Mögliche Reaktionen	▪ Vorbereitete Folien (F-K-7-1/2) ▪ Bilderkarten (S-7-1)
4. Bearbeitung des Themas „Teilen und Helfen"	▪ Rollenspiel „Teilen und Helfen" ▪ Unterstützungsspiel	▪ Arbeitsblatt „Teilen und Helfen" (A-K-7-1)
5. Hausaufgabe und Abschluss	▪ Übung im natürlichen Setting	▪ Hausaufgabenblatt (H-K-7)

Stunde 7: Beziehungen und Freundschaften pflegen

Inhalte und Zielsetzung der Sitzung im Überblick

Kontakte herstellen, Beziehungen beginnen – dieser Schritt gelingt meist recht gut. Das Pflegen von Freundschaften erfordert dagegen ein hohes Maß an Flexibilität, Kreativität und Transferleistung, sodass Kompetenzen erarbeitet werden müssen, die es ermöglichen, diese Schwierigkeiten zu überwinden.

Insbesondere Kinder mit externalisierenden Störungen zeichnen sich häufig durch schnell wechselnde, instabile Freundschaften aus.

Die Bereiche „Loben und Komplimente machen", „Teilen" und „Helfen" werden herausgegriffen, um ein Repertoire zu erarbeiten, das den Teilnehmern ermöglicht, ihre Erfahrungen im Umgang mit anderen zu erweitern und zu reflektieren.

Checkliste: *Ausstattung und Materialien*

Ausstattung	Materialien
• Stühle (Anzahl der Teilnehmer + 2) • Flip-Chart mit Stiften oder Tafel • Videokamera und Film	• Leitfaden für den Therapeuten • Türschild „Bitte nicht stören" • Satzkarten (S-6-1) • Arbeitsmappen der Teilnehmer • Arbeitsblatt „Helfen und Teilen" (A-K-7-1) • Bilderkarten (S-7-1) • Vorbereitete Folien (F-K-7-1/2) • Hausaufgabenblatt (H-K-7)

Durchführung

1) Begrüßung und Blitzlichtrunde

Beginnen Sie die Gruppe in gewohnter Weise. Führen Sie heute wieder eine unveränderte Blitzlichtrunde durch, um die Stabilität zu erhalten. Themen, die von den Kindern angesprochen werden, schreibt ein Trainer auf. Er entscheidet dann auch, welches dieser Themen sofort zu klären ist, um z.B. einen Konflikt zu bereinigen, der die Gruppe stört, und welche Themen in die Stunde zu integrieren sind.

II Manual zum „Gruppentraining sozialer Fertigkeiten"

2) Besprechung der Hausaufgaben und kurze Wiederholung

S-6-1

Fordern Sie die Kinder auf, ihre Hausaufgabenblätter herauszunehmen. In der Zwischenzeit legen Sie noch einmal die Satzkarten der letzten Stunde in die Mitte (S-6-1). So werden die Inhalte der letzten Stunde noch einmal gezielt aufgegriffen.

> *Trainer A*: Hier habe ich noch einmal die Satzkarten der letzten Stunde hingelegt. Diese hattet ihr auch mit zu Hause. Kann jemand wiederholen, was es mit den Karten letzte Stunde auf sich hatte?
> Wir wollen nun zusammen die Situationen besprechen, die ihr in dieser Woche geübt habt. Nun, wer beginnt heute? Jeder achtet bei der Vorstellung des anderen darauf, welche Regeln und Sätze verwendet wurden. So können wir nachher auch eine Rückmeldung geben.

Beziehen Sie auch hier wieder alle Kinder aktiv mit ein, ihre Meinung zu äußern. Achten Sie darauf, dass negative Kritik immer auch mit konstruktiven Lösungs- und Veränderungsvorschlägen verbunden ist. So vermeiden Sie, dass die Kinder leichtfertig negative Äußerungen treffen und fördern somit die differenzierte Kritikfähigkeit.

Berücksichtigen Sie alle Kinder, sowohl bei den Schilderungen der eigenen Hausaufgaben als auch bei der Bewertung anderer. Fallen Ihnen gravierende Mängel auf und Sie haben das Gefühl, die inhaltlichen Ziele wurden nicht erreicht, können Sie die Situationen auch noch einmal im Rollenspiel üben. Gegebenenfalls verfolgen Sie in dieser Stunde noch einmal die Ziele der vorangegangenen Stunde.

3) Durchführung des Themas „Lob und Komplimente machen und annehmen"

S-7-1

Anhand eines Spiels werden die Kinder angeleitet, sowohl Komplimente zu machen als auch zu erhalten. Die Kinder erhalten Handlungsstrategien für den jeweiligen Vorgang.

> *Trainer B*: Das Erhalten und Pflegen einer Freundschaft ist gar nicht so einfach. Manch einem von euch wird das besser, anderen vielleicht nicht so gut gelingen. Wir haben drei Punkte vorbereitet, die uns noch wichtig sind, sie mit euch zu besprechen, um eine Freundschaft lange zu erhalten.
> Für den ersten Punkt, er heißt „Loben und Komplimente machen", habe ich gleich ein kleines Spiel. Hier sind Karten mit verschiedenen Gegenständen. Einer zieht nun eine Karte – na, wer traut sich? – schön. Du darfst dir jemanden aussuchen, den du ansprichst. Beachte dabei folgende Vorgaben.

Stunde 7: Beziehungen und Freundschaften pflegen

F-K-7-1

Zeigen Sie die vorbereitete Folie mit den folgenden Sätzen:

Lob und Komplimente machen und annehmen
- Denke über etwas Nettes nach, was man sagen kann.
- Überlege dir einen Satz, wie man es sagen kann.
- Schau den anderen an.
- Sage es dem anderen.

> *Trainer A*: Die Karte soll dir heute eine Hilfe sein beim Nachdenken darüber, was man Nettes sagen kann. Was uns aber noch fehlt, sind Möglichkeiten, wie die anderen darauf reagieren können. Welche fallen euch denn da ein?

F-K-7-2

Sammeln Sie die Vorschläge und legen Sie dann die zweite Folie mit den weiteren Sätzen in die Mitte:

Lob und Komplimente machen und annehmen
- Schaue den, der mit dir spricht, an.
- Bedanke dich.
- Wenn du willst, sage noch etwas dazu.

> *Trainer A*: Probieren wir es doch jetzt einfach einmal aus. Jeder in der Gruppe soll beide Rollen einüben. Wir beobachten uns gut selbst dabei.

Führen Sie nun das Spiel durch. Achten Sie darauf, dass alle Teilnehmer beteiligt werden.

4) Durchführung des Themas „Teilen und Helfen"

Diese beiden Punkte werden zusammen in Form von Rollenspielsituationen bearbeitet. Ziel ist es, den Kindern Möglichkeiten von Reaktionen und Verhaltensmustern aufzuzeigen, um die jetzt schon schwierigeren sozialen Situationen zu meistern. Zum Teilen gehört nicht nur das Teilen von Spielsachen und Gegenständen, sondern auch das Teilen-Können der Freundschaft mit anderen Kindern.

> *Trainer A*: Auch heute möchten wir mit euch noch verschiedene Situationen spielen. In den folgenden kurzen Rollenspielen geht es um das Thema „Teilen und Helfen". Ich weiß, dass ihr das eigentlich ganz gut könnt, denn wir haben das hier in der Gruppe schon öfter beobachtet. Es gibt aber auch schwierigere Situationen, in denen ihr nicht sofort wisst, was ihr tun könnt. Wir haben hier auf dem Arbeitsblatt ein paar dieser Situationen aufgeschrieben. Wenn einem von euch zwischendurch noch eine Situation einfällt, können wir auch diese üben. Lesen wir nun einmal die erste Geschichte und helfen dann zusammen, eine geeignete Lösung zu finden.

A-K-7-1

Trainer B hat in der Zwischenzeit die Arbeitsblätter verteilt. Spielen Sie die Rollenspiele so wie Sie es aus den vergangenen Stunden gewohnt sind. Sie kennen nun die einzelnen Mitglieder der Gruppe auch genauer und wissen, wo Sie gezielte Unterstützung geben müssen und wie viel Motivation nötig ist. Wenn Sie von der Stundenanzahl her Zeit und auch den Raum haben, filmen Sie die einzelnen Szenen und besprechen Sie diese in der nächsten Stunde noch einmal mit den Kindern zur Vertiefung.

> *Trainer B*: Ihr seid nun wirklich schon fit in schwierigen Situationen. Das gefällt mir gut. Zum Abschluss wollen wir nun noch ein kurzes Spiel machen und die Hausaufgabe besprechen.
>
> Immer zwei von euch stellen sich einmal Rücken an Rücken, gehen nun in die Hocke, haken sich mit den Armen ein und versuchen, gemeinsam aufzustehen. Gut so! Nun gehen immer drei oder vier zusammen und versuchen das Ganze noch einmal. Nachdem das nun so gut geklappt hat, wollen wir es noch schwieriger machen. Alle stellen sich in einen Kreis – Rücken an Rücken – und wir versuchen einmal alle zusammen, gemeinsam aufzustehen.

5) Besprechung der Hausaufgabe

Verteilen Sie das Hausaufgabenblatt.

H-K-7

> *Trainer A*: In dieser Woche ist es eure Aufgabe, jeden Tag einmal ein Kompliment zu machen oder etwas Nettes zu sagen. Ihr könnt euch selbst jemanden auswählen und euch überlegen, was ihr sagen möchtet. Als Hilfe haben wir oben auf das Blatt noch einmal die Sätze vom Plakat aufgeschrieben. Bitte tragt eure erledigte Aufgabe in die Kästchen ein, dann können wir uns nächste Woche darüber austauschen.
>
> Es hat heute wieder sehr viel Spaß mit euch gemacht. Viel Erfolg – bis nächste Woche.

Wenn die Gruppe ein gemeinsames Ritual am Ende hat, führen Sie es noch durch.

Zeichnen Sie die Teilnahmebestätigung der Kinder ab.

Bilderkarten

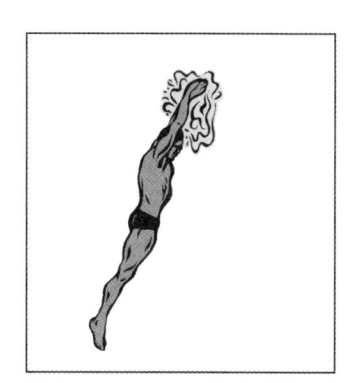

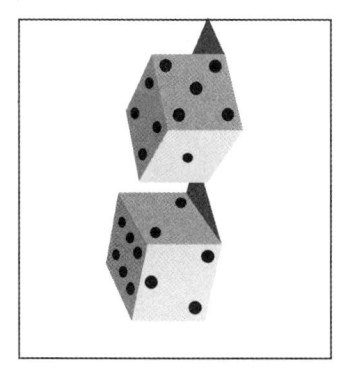

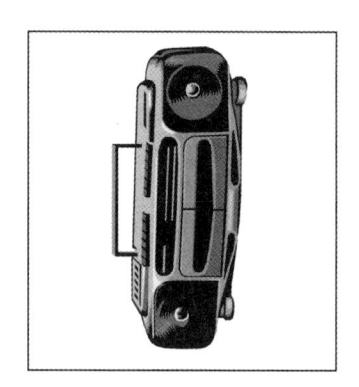

S-7-1

Arbeitsmaterial zu „Stunde 7" aus:
Norbert Beck, Silke Cäsar & Britta Leonhardt. *Training sozialer Fertigkeiten mit Kindern im Alter von 8 bis 12 Jahren.* © by dgvt-Verlag, 2005.

Loben und Komplimente machen und annehmen

- Denke über etwas Nettes nach, **was** man sagen kann.

- Überlege dir einen Satz, **wie** man es sagen kann.

- Schau den anderen an.

- Sage es dem anderen.

F-K-7-1

Loben und Komplimente machen und annehmen

- Schaue den, der mit dir spricht, an.

- Bedanke dich.

- Wenn du willst, sage noch etwas dazu.

F-K-7-2

Arbeitsblatt „Teilen und Helfen"

1. Dein Freund ruft dich an und sagt, er habe sein Mathebuch in der Schule vergessen. Du selbst hast an diesem Nachmittag eine Menge zu tun. Was kannst du tun?

   _____
   _____

2. Du möchtest mit deiner Freundin ins Schwimmbad. Sie ist schon mit einer anderen Freundin zum Schwimmen verabredet. Du kennst diese Freundin nicht. Was tust du?

   _____
   _____

3. Im Kunstunterricht reichen die Farbkästen nicht für jedes Kind aus. Du bist als letzter in den Unterricht gekommen. Was tust du?

   _____
   _____

4. Du bist mit einem Freund im Kino. Bevor der Film beginnt, kommt ein anderer Freund und setzt sich neben dich. Deine beiden Freunde kennen sich nicht. Was tust du?

   _____
   _____

5. Dein Freund hatte Streit mit seinen Eltern. Er fühlt sich schlecht. Was kannst du tun?

   _____
   _____

A-K-7-1

Hausaufgabe „Komplimente machen"

Wir wollen jeden Tag einmal ein Kompliment machen, oder etwas Nettes sagen. Unsere Sätze der Stunde helfen uns dabei:

„Denke über etwas Nettes nach, was man sagen kann."
„Überlege dir einen Satz, wie man es sagen kann."
„Schau den anderen an."
„Sage es dem anderen."

Hier trage ich meine Aufgaben ein:

Tag 1:

Tag 2:

Tag 3:

Tag 4:

Tag 5:

Tag 6:

H-K-7

Stunde 8: Konfliktmanagement

Teil 1: Perspektivenwechsel

Leitfaden für die achte Stunde

Grobstruktur	Inhalt	Arbeitsmaterialien
1. Begrüßung und Blitzlicht	▪ Rückmeldung über die Befindlichkeit in einer Partnerübung anhand eines Wetterberichtes	▪ Evtl. Wetterkarten
2. Kurze Wiederholung und Hausaufgabenbesprechung	▪ kurze Wiederholung des Themas „Beziehungen und Freundschaften pflegen" ▪ Hausaufgabe „Komplimente machen" besprechen	▪ Hausaufgabenblätter
3. Einführung in das Thema „Konfliktmanagement – Perspektivenwechsel"	▪ Unterschiedliche Wahrnehmungen anhand einer bekannten Geschichte, die aus einer anderen Perspektive erzählt wird ▪ Auswertung der Geschichte	▪ Geschichte „Rotkäppchen" (S-8-1)
4. Bearbeitung des Themas „Konfliktmanagement – Perspektivenwechsel"	▪ Rollenspiel mit wechselnden Rollen ▪ Auswertung	▪ Vorbereitete Rollenspielsituationen (S-8-2) ▪ Bildergeschichte (F-K-8-1)
5. Abschluss und Hausaufgabe	▪ Kämpfen nach Regeln ▪ Selbstbeobachtung in Konfliktsituationen	▪ Battackers oder Weichbodenmatte (S-8-3) ▪ Hausaufgabenblatt (H-K-8)

Stunde 8: Konfliktmanagement Teil 1: Perspektivenwechsel

Inhalte und Zielsetzung der Sitzung im Überblick

Das Thema „Konfliktmanagement" ist in drei Stunden gegliedert, da es erfahrungsgemäß umfassend und ausführlich bearbeitet werden sollte.

In der Arbeit mit Kindern oder Jugendlichen stellt man immer wieder fest, dass „Streiten" ein wichtiges Thema ist. Oft ist zu beobachten, dass Konflikte aggressiv gelöst werden. Dies liegt häufig am mangelnden Verhaltensrepertoire der Kinder. In dieser Stunde/den Stunden soll vermittelt werden, dass Streiten wichtig im Umgang miteinander ist und dass es im Alltag immer wieder zu unterschiedlichen Meinungen kommt.

Es ist für die Kinder wichtig, Verhaltensalternativen kennen zu lernen, um ein faires und respektvolles Streiten zu ermöglichen.

Checkliste: *Ausstattung und Materialien*

Ausstattung	Materialien
• Stühle (Anzahl der Teilnehmer + 2) • Flip-Chart mit Stiften oder Tafel	• Leitfaden für den Therapeuten • Türschild „Bitte nicht stören" • Arbeitsmappen der Teilnehmer • Geschichte „Rotkäppchen" (S-8-1) • Bildergeschichte (F-K-8-1) • Rollenspiel-Vorgaben (S-8-2) • Battackers oder Weichbodenmatte (S-8-3) • Hausaufgabe (H-K-8-1)

Durchführung

1) Begrüßung und Blitzlichtrunde

Wie immer beginnen Sie mit Ihrem Ritual und begrüßen die Kinder, bevor Sie mit der Blitzlichtrunde beginnen.

> *Trainer A:* Hallo, schön, dass ihr alle wieder zur Gruppe gekommen seid. Bevor wir mit euch zum letzten Thema der Gruppe kommen, möchten wir wie immer mit dem Blitzlicht beginnen. Wer möchte heute beginnen, uns wie bei einem Wetterbericht zu beschreiben, wie es ihm geht?

II Manual zum „Gruppentraining sozialer Fertigkeiten"

2) Besprechung der Hausaufgabe und kurze Wiederholung

Nachdem Sie die Anfangsrunde beendet haben, wiederholen Sie noch einmal kurz das Thema der letzten Stunde, um es in Erinnerung zu rufen. Besprechen Sie anschließend die Hausaufgabe.

> *Trainer B*: Ich möchte einen von euch bitten, noch einmal für alle kurz zu wiederholen, was wir letzte Stunde besprochen haben.
> ....
> Am Ende der letzten Stunde haben wir euch ein Arbeitsblatt mitgegeben, ihr hattet die Aufgabe, jeden Tag jemanden zu loben. Bitte nehmt euer Blatt zur Hand, ich hoffe ihr habt es alle dabei.

> *Trainer A*: Mich würde es erst einmal interessieren, wie leicht oder wie schwer es euch gefallen ist zu loben? Wie waren die Reaktionen von den Personen, die ihr gelobt habt? Wer mag denn mal von einem Lob erzählen, das er in der vergangenen Woche verteilt hat?

Die Besprechung der Hausaufgabe sollte zwar kurz sein, dennoch ist es wichtig jedem Kind die Möglichkeit zu geben, seine Hausaufgabe zu präsentieren. So fühlen die Kinder ihre Bemühung wertgeschätzt. Achten Sie trotzdem darauf, dass diese Auswertung nicht zu umfassend wird.

3) Einführung in das Thema „Konfliktmanagement – Perspektivenwechsel"

> *Trainer B*: Nun möchten wir zu einem neuen und auch letzten Thema unserer Gruppe kommen. Wir möchten nicht sofort verraten, um was es in der heutigen Stunde geht. Ich möchte euch jetzt eine Geschichte vorlesen und euch bitten, einfach einmal gut zuzuhören und mal zu schauen, was euch an der Geschichte auffällt.

S-8-1

Die Einführung in diesen Teil des Themas „Konfliktmanagement" findet durch die Geschichte „Rotkäppchen" statt.

Lesen Sie die Geschichte vor. Die Kinder werden sehr schnell merken, dass es sich um das bekannte Märchen „Rotkäppchen" handelt, allerdings diesmal aus der Sicht des Wolfes. Danach werten Sie diese Geschichte gemeinsam mit den Kindern aus.

4) Bearbeitung des Themas „Konfliktmanagement – Perspektivenwechsel"

> *Trainer A*: Habt ihr die Geschichte erkannt? Sie war ein wenig anders geschrieben als ihr sie vielleicht kennt. Sie wurde aus der Sicht des Wolfes geschrieben.
> Wo waren die Unterschiede? Habt ihr schon mal daran gedacht, wie der Wolf sich wohl gefühlt hat? Was glaubt ihr, will uns diese Geschichte sagen?

Stunde 8: Konfliktmanagement Teil 1: Perspektivenwechsel

Halten Sie die Unterschiede auf dem Flipchart fest. Vielleicht erkennen einige Kinder die Intention der Geschichte, erarbeiten Sie sie gemeinsam mit den Kindern. Die Geschichte wirkt erfahrungsgemäß meist sehr motivierend, nutzen Sie diese Motivation.

Trainer B: Anhand dieser Geschichte wollten wir euch deutlich machen, dass jeder eine eigene Sichtweise hat und dass man nicht immer davon ausgehen kann, dass alle die gleiche Meinung haben. Ihr kennt das ja sicher alle selbst von euch und euren Freunden. Man hat auf unterschiedliche Spiele Lust; der eine findet den Film oder die Band gut, die ein anderer vielleicht total schlecht findet. Jeder Mensch ist anders und hat somit auch eine andere Meinung.

Trainer A: Wenn man unterschiedlicher Meinung ist, kommt es häufig zum Streit und manchmal auch zur Prügelei oder dazu, dass zwei nicht mehr miteinander reden. Ich glaube, das kennt jeder von uns und jeder hat sich auch schon einmal gestritten. Streiten ist wichtig, auch in einer Freundschaft. Warum glaubt ihr, dass Streiten wichtig ist?

Notieren Sie bitte auch diese Punkte wieder auf dem Flipchart. Es erleichtert den Kindern und Ihnen die Arbeit am Thema auch in den nächsten Stunden. Z.B.: Streiten
- kann Missverständnisse aus der Welt schaffen.
- kann „dicke Luft" reinigen.
- hilft im alltäglichen Miteinander.

Trainer B: Da sind euch schon einige Punkte eingefallen. Streiten kann uns helfen, Missverständnisse aus der Welt zu schaffen und die Meinung des anderen kennen zu lernen.

Die Kinder haben es vielleicht anders formuliert. Fassen Sie die Punkte einfach noch einmal zusammen.

F-K-8-1

Zeigen Sie den Kindern nun auf Folie die Bildergeschichte und besprechen Sie mit ihnen die dargestellte Situation. Anschließend werden ebenfalls auf Folie die verschiedenen Lösungen gezeigt und besprochen. Wichtig hierzu ist zu betonen, dass es sich nicht nur um gute Lösungen handelt. Deshalb sollten Sie gemeinsam mit den Kindern die Vor- und Nachteile jedes Lösungsschrittes besprechen. Schlagen bringt zum Beispiel eine schnelle Lösung für den Moment, da ich mich abreagieren konnte und meine Wut los bin, bringt mir aber für den Streit an sich keine Lösung, weil ich dadurch nichts verändern konnte und wahrscheinlich noch eine Strafe von den Eltern/Lehrern/Erziehern bekomme usw.

Die Bildergeschichte ermöglicht den Kindern, mehrere Lösungen kennen zu lernen und kritisch zu betrachten, welche sie weiter bringt und welche nicht.

Im Anschluss gehen Sie zum Rollenspiel über.

II Manual zum „Gruppentraining sozialer Fertigkeiten"

> *Trainer B*: Wir wollen nun eine ähnliche Geschichte einmal selbst spielen. Die Situation ist die …

(Anmerkung: Hier sollte ein Rollenspiel jeweils im Zweierkontakt stattfinden und unbedingt ein Rollentausch durchgeführt werden, da die Kinder nur so den Inhalt der Stunde, nämlich den Perspektivenwechsel, erleben.)

S-8-2

Verteilen Sie die Rollen und lassen Sie die Kinder selbst nach einer Lösung suchen. Jede Situation wird zweimal, beim zweiten Mal mit vertauschten Rollen, gespielt. Im Anschluss werden die Spiele ausgewertet, wobei es wichtig ist, die unterschiedlichen Wahrnehmungen in den verschiedenen Rollen herauszuarbeiten. Wenn Sie die Möglichkeit haben, dann nehmen Sie diese Rollenspiele auf Video auf. Sie können Sie bei der Auswertung im Anschluss mit den Kindern gemeinsam ansehen.

> *Trainer A*: Nachdem wir heute alle so fleißig gearbeitet haben, möchten wir uns noch gemeinsam mit euch ein wenig austoben. Wir gehen jetzt noch in den Bewegungsraum und dort erklären wir euch, wie es weitergeht.

5) Abschluss und Hausaufgabe

S-8-3

Die folgende Übung können Sie nur machen, wenn Sie die räumlichen Möglichkeiten haben. Eventuell können Sie auch Polster im Gruppenraum auslegen, um dort „fair zu kämpfen" Sie können auch Battackers (Polsterschläger; Bezug über den Fachhandel) verwenden.

> *Trainer B*: Ihr habt nun die Möglichkeit, euch gegenseitig zum Kampf aufzufordern. Wichtig ist es jedoch, die Regeln einzuhalten:
> - Der Gegner sollte ungefähr gleich stark/groß/alt sein, damit jeder die gleichen Chancen hat.
> - Wir raufen nur auf den Knien.
> - Gewonnen hat derjenige, der es schafft, den Gegner mit beiden Schultern auf die Matte zu drücken.
> - Es wird nicht gekratzt, gespuckt, geschlagen, gebissen oder Ähnliches. Versucht, mit Köpfchen und Kraft den anderen zu überlisten.
> - Jeder hat das Recht, den Kampf abzubrechen, wenn es ihm zu viel wird.
>
> Wir stoppen die Zeit, pro Kampf zwei Minuten. Wer möchte beginnen?

Es ist wichtig, einzuschreiten, wenn es notwendig sein sollte. Es kann sein, dass es Kinder gibt, die sich nicht zutrauen, zu kämpfen oder Angst davor haben. Vermitteln Sie diesen, dass keiner kämpfen muss und es jedem überlassen bleibt, ob er mitmachen möchte.

Stunde 8: Konfliktmanagement Teil 1: Perspektivenwechsel

Verteilen Sie das Hausaufgabenblatt, besprechen Sie die Hausaufgabe und schließen Sie die Stunde mit einem Ritual ab.

Zeichnen Sie die Teilnahmebestätigung der Kinder ab.

H-K-8

> *Trainer A*: Schade, dass unsere Zeit schon wieder um ist, das hat mir jetzt total Spaß gemacht. Als Hausaufgabe hätten wir gerne, dass ihr mal beobachtet, welche Streitereien ihr bis zur nächsten Gruppe habt. Merkt euch eine oder zwei. Solltet ihr keinen Streit haben, was natürlich schön für euch wäre, dann überlegt euch eine Situation, in der ihr schon mal gestritten habt oder eine Prügelei hattet.

Jeder hat seine eigene Wahrnehmung:

„Rotkäppchen und der böse Wolf"

(aus: Akin, T. et al. (2000). *Selbstvertrauen und soziale Kompetenz*. Mühlheim an der Ruhr: Verlag an der Ruhr.)

Der Wald war mein Zuhause. Ich pflegte ihn und hielt ihn sauber. An einem schönen Sommertag – ich war gerade damit beschäftigt, den Unrat zu beseitigen, den ein paar Camper hinterlassen hatten – hörte ich Schritte. Ich sprang hinter einen Baum und sah ein kleines Mädchen mit einem Korb am Arm den Pfad hinunter kommen. Dieses Mädchen kam mir ziemlich verdächtig vor. Sie war ganz und gar in Rot gekleidet und trug ein ebenfalls rotes Käppchen. Es wollte anscheinend von niemandem erkannt werden. Natürlich sprach ich sie an, um herauszufinden, was sie vorhatte. Ich fragte sie deshalb, wohin sie wolle und woher sie käme. Sie erzählte mir die Geschichte, dass sie zu ihrer Großmutter unterwegs sei, um ihr Essen zu bringen. Sie machte alles in allem zwar einen ehrlichen Eindruck – aber dennoch, sie befand sich in meinem Wald und sah verdächtig aus. Also beschloss ich ihr klar zu machen, dass man nicht so einfach ohne Vorwarnung und dazu in diesem Aufzug durch den Wald stolzieren kann. Ich ließ sie aber weiterziehen.

Heimlich lief ich schon voraus zum Haus ihrer Großmutter. Sie war eine nette Person und ich erzählte ihr von meinem Problem. Sie stimmte mir zu, dass ihre Enkelin eine Lektion verdient hätte. Wir vereinbarten, dass die alte Dame sich unter dem Bett verstecken sollte, bis ich sie riefe.
Bald darauf trat das Mädchen ein. Ich bat sie ins Schlafzimmer zu kommen, wo ich in den Kleidern der Großmutter in ihrem Bett lag. Das rotwangige Mädchen trat näher und machte eine sehr ärgerliche Bemerkung über meine großen Ohren. Man hat mich schon öfter deswegen beleidigt. Ich versuchte aber, die Situation zu retten und antwortete, dass ich damit besser hören könne.

Was ich damit sagen will: Ich mochte sie und war entschlossen genau zuzuhören, was sie wollte. Sie hatte aber nichts Besseres zu tun, als auch noch über meine riesigen Augen herzuziehen. Ihr könnt euch sicher denken, was ich allmählich von diesem Mädchen dachte. Sie sah zwar ganz nett aus, in Wirklichkeit war sie aber wohl unheimlich frech. Ich war trotzdem immer noch bereit, ihre Beleidigungen zu ignorieren. Also sagte ich, dass ich mit den großen Augen besser sehen könne. Ihre nächste Attacke ging mir dann aber wirklich zu weit.

Ich hab´ so meine Probleme mit den Zähnen. Sie sind sehr groß und genau diese Schwäche nahm das Mädchen aufs Korn. Ich weiß, ich hätte mich besser unter Kontrolle haben müssen, aber ich sprang aus dem Bett und brüllte, dass ich sie mit diesen Zähnen besser fressen könnte. Jetzt mal ehrlich – ein Wolf hat noch nie kleine Mädchen gefressen, jeder weiß das. Dieses verrückte Ding brüllte aber sofort los und rannte im Haus herum. Ich hinter ihr her, um sie zu beruhigen. Die Kleider der Großmutter hatte ich inzwischen abgestreift. Das schien die Lage aber nur schlimmer zu machen. Plötzlich flog die Tür auf und ein großer Jäger stand mit seinem Gewehr vor mir. Mit einem Schlag war mir klar, dass es jetzt wirklich brenzlig wurde. Das Fenster hinter mir stand offen. Mit einem Sprung war ich draußen.

Ich würde gern behaupten, dass die Geschichte damit erledigt gewesen wäre. War sie aber nicht: Diese Type von Großmutter hat die Geschichte nie aus meiner Sicht erzählt. Seitdem sagt man mir nach, ich sei ein furchtbar gemeiner Bursche. Alle jagen nach mir. Ich weiß ja nicht, wie es dem seltsamen roten Mädchen seither ergangen ist – ich jedenfalls kann seitdem nicht mehr in Frieden leben. Wir Wölfe gehören jetzt sogar zu den vom Aussterben bedrohten Arten.
Ich bin sicher, dass das Märchen, das über dieses kleine Mädchen erzählt wird, nicht ganz unschuldig daran ist!

Ausgangssituation:

1. Lösung: Fragen

F-K-8-1 Seite 1 von 3

Arbeitsmaterial zu „Stunde 8" aus:
Norbert Beck, Silke Cäsar & Britta Leonhardt. *Training sozialer Fertigkeiten mit Kindern im Alter von 8 bis 12 Jahren.* © by dgvt-Verlag, 2005.

2. Lösung: Kompromiss

3. Lösung: Aggression

4. Lösung: Angst

Rollenspiele

Möglichkeit 1:

Du bist mit ein paar Kindern am Sportplatz. Ihr spielt Fußball (Basketball o.Ä.). Du hast den Ball und bist kurz vor dem Tor. Da kommt Kevin, ein Angeber aus der anderen Mannschaft, und hält dich am T-Shirt fest. Du merkst, wie die Wut in dir hochsteigt.

Was denkst du?
_____

Was fühlst du?
_____

Was kannst du tun?
_____

Möglichkeit 2:

Du fragst deine Freundin Lisa, ob sie am Nachmittag mit dir ins Schwimmbad geht. Lisa sagt, sie muss auf den Geburtstag ihrer Tante. Du gehst alleine ins Schwimmbad. Am Schwimmbecken sitzt Lisa mit einem anderen Mädchen.

Was denkst du?
_____

Was fühlst du?
_____

Was kannst du tun?
_____

S-8-2

Streit passiert

Ich hatte einen Streit! Mann, war ich da sauer!!!!!

Das ist passiert:

_____
_____
_____
_____
_____

So habe ich reagiert:

_____
_____
_____
_____
_____

H-K-8

Das ärgert mich alles!

Ergänzungsmaterial zu Stunde 8

Arbeitsmaterial zu „Stunde 8" aus:
Norbert Beck, Silke Cäsar & Britta Leonhardt. *Training sozialer Fertigkeiten mit Kindern im Alter von 8 bis 12 Jahren.* © by dgvt-Verlag, 2005.

Stunde 9: Konfliktmanagement

Teil 2: Aufbau von Lösungsstrategien

Leitfaden für die neunte Stunde

Grobstruktur	Inhalt	Arbeitsmaterialien
1. Begrüßung und Blitzlicht	- Rückmeldung über die Befindlichkeit in einer Partnerübung anhand eines Wetterberichtes	- Evtl. Wetterkarten
2. Kurze Wiederholung und Hausaufgabenbesprechung	- kurze Wiederholung des Themas „Konfliktmanagement 1: Perspektivenwechsel" - Hausaufgabe „Streit passiert" besprechen	- Hausaufgabenblätter
3. Einführung in das Thema „Konfliktmanagement 2: Aufbau von Lösungsstrategien"	- Suchen alternativer Lösungsstrategien für Konfliktsituationen	- Arbeitsblatt (A-K-9-1)
4. Bearbeitung des Themas „Konfliktmanagement 2: Aufbau von Lösungsstrategien"	- Entwickeln von Lösungsstrategien für selbst erlebte Konfliktsituationen - Auswahl möglicher zielführender Lösungsstrategien - Formulieren eines Hilfesatzes	- Arbeitsblatt (A-K-9-2) - Arbeitsblatt (A-K-9-3)
5. Abschluss und Hausaufgabe	- Spiel „Daumenringen" - Selbstbeobachtung in Konfliktsituationen	- Spiel (S-9-1) - Hausaufgabenblatt (H-K-9)

Stunde 9: Konfliktmanagement Teil 2: Aufbau von Lösungsstrategien

Inhalte und Zielsetzung der Sitzung im Überblick

Im zweiten Teil des „Konfliktmanagements" geht es darum, Verhaltensstrategien zu verinnerlichen und bereits Gelerntes auf eigene Situationen übertragen zu können. Mit den Kindern sollen Lösungsstrategien entwickelt werden, die ihnen in ihrem Alltag von Nutzen sind.

Checkliste: *Ausstattung und Materialien*

Ausstattung	Materialien
• Stühle (Anzahl der Teilnehmer + 2) • Flip-Chart mit Stiften oder Tafel	• Leitfaden für den Therapeuten • Türschild „Bitte nicht stören" • Arbeitsmappen der Teilnehmer • Arbeitsblatt (A-K-9-1) • Flip-Chart-Notizen der letzten Stunde („Was kann helfen, was hilft nicht") • Arbeitsblatt (A-K-9-2) • Arbeitsblatt (A-K-9-3) • Daumenringen (S-9-1) • Hausaufgabenblatt (H-K-9)

Durchführung

1) Begrüßung und Blitzlichtrunde

Begrüßen Sie die Kinder zur heutigen Stunde, beginnen Sie danach wie immer mit dem Blitzlicht. Grundsätzlich können Sie diese Rückmelderunde variieren, indem Sie z.B. ganz gezielt ein Kind beginnen lassen, das bisher in dieser Runde sehr zurückhaltend war.

> *Trainer A*: Ich heiße euch heute herzlich willkommen und möchte mit der Blitzlichtrunde beginnen. Ich möchte heute mal den/die _____ bitten, mit der Blitzlichtrunde zu beginnen.

2) Besprechung der Hausaufgabe und kurze Wiederholung

Es ist sinnvoll, die Aufzeichnungen der letzten Stunde zur Wiederholung hinzuzunehmen. Es fällt den Kindern wahrscheinlich leichter, sich mit Hilfestellungen an das letzte Thema zu erinnern.

> *Trainer B*: Ich hoffe, ihr erinnert euch noch an unsere letzte Stunde. Es wäre schön, wenn wir noch einmal zusammen wiederholen könnten, was da unser Thema war.

> *Trainer A*: Genau, wir haben also über Streitereien und Meinungsverschiedenheiten gesprochen. Wir haben euch gebeten, euch selbst zu beobachten und euch ein oder zwei Konfliktsituationen, also Situationen, in denen es Streit gab, zu notieren. Wer hat denn die vergangene Woche gestritten und kann es kurz erzählen?

Räumen Sie den Kindern etwas Zeit ein, sich über ihre Erfahrungen mit Konfliktsituationen auszutauschen. Führen Sie danach in den Inhalt der heutigen Sitzung ein.

3) Einführung in das Thema

A-K-9-1

Nachdem Sie die Arbeitsblätter verteilt haben, lesen Sie die einzelnen Situationen mit den Kindern genau durch. Lassen Sie die Situationen von den Kindern mit deren eigenen Worten wiedergeben, damit Sie sehen, ob sie verstanden worden sind.

> *Trainer B*: Wir werden euch jetzt ein Arbeitsblatt austeilen. Wir wollen es gemeinsam durchlesen. Hierbei geht es allgemein um Streitereien, nicht um eine Situation, von der ihr gerade erzählt habt.

Auf dem Arbeitsblatt sind mehrere Lösungsmöglichkeiten vorgegeben. Bitte arbeiten Sie für die Lösungsmöglichkeiten mit der Gesamtgruppe. Es kann vorkommen, dass mehrere Lösungen richtig sind.

4) Bearbeitung des Themas

Greifen Sie jetzt die Streitsituationen, von denen die Kinder aus der Vorwoche berichtet haben, auf und entwickeln Sie hierfür alternative Strategien. Versuchen Sie, den Kindern beim Übertrag des Gelernten auf ihre Situationen zu helfen.

> *Trainer A*: Gut, wir haben jetzt verschiedene Situationen gehört, auch verschiedene Lösungsmöglichkeiten. „………" (Name des Kindes), wenn du jetzt einmal deinen Streit, von dem du erzählt hast, nimmst, was glaubst du, hat dir geholfen, dich wieder zu beruhigen bzw. was hat oder hätte dich noch wütender gemacht?

Stunde 9: Konfliktmanagement Teil 2: Aufbau von Lösungsstrategien

Sorgen Sie dafür, dass sich alle Kinder am Gespräch beteiligen. Fordern Sie die einzelnen Kinder auf und helfen Sie durch Nachfragen, die einzelnen Situationen zu analysieren. Halten Sie die Antworten auf dem Flip-Chart fest. Unterteilen Sie das Flip-Chart in zwei Spalten. (Diese Flip-Chart-Notiz wird in Stunde 10 noch einmal benötigt.)

Was kann helfen? Kurz den Raum verlassen und tief durchatmen, sich erst einmal beruhigen können, um nachzudenken, seine Wut an einem Boxsack auslassen usw.

Was hilft nicht? Schlagen, schlaue Sprüche von anderen, davon laufen usw.

> *Trainer B*: Wir möchten euch noch ein Arbeitsblatt geben und darauf notiert ihr bitte, was euch helfen kann und was nicht. Ihr habt Euch verschiedene Beispiele angehört, schreibt die auf, die euch gut gefallen haben.

Lassen Sie den Kindern ca. fünf Minuten Zeit, ihre Notizen zu machen.
Im Anschluss können Sie mit den Kindern zwei bis drei Situationen im Rollenspiel durchspielen. Beispielhafte Situationen zum Thema sind auf dem Arbeitsblatt A-K-9-3 beschrieben.

A-K-9-2   Danach erarbeiten Sie mit den Kindern einen persönlichen Hilfesatz.

> *Trainer A*: Auf der unteren Hälfte des Arbeitsblattes findet ihr ein Kästchen, in dem steht: „Mein persönlicher Hilfesatz". Wir möchten, dass jeder von euch für sich einen Hilfesatz formuliert. Dies soll ein Satz sein, der euch in Situationen, in denen ihr verärgert seid, ein wenig helfen kann, einen klaren Kopf zu behalten. Wie zum Beispiel „Ich bleib´ ganz ruhig und atme tief durch." oder „Ich merke, wie ich sauer werde, also Vorsicht – nichts überstürzen!!!!" Wer Hilfe braucht, den unterstützen wir gerne.

Geben Sie den Kindern auch hier fünf Minuten Zeit. Sollte ein Kind Schwierigkeiten haben, unterstützen Sie es in der Formulierung. Dies ist eine Form der Selbstverbalisierung.
Anschließend sollte das Blatt in der Arbeitsmappe abgeheftet werden.

5) Abschluss und Hausaufgabe

> *Trainer B*: Wir möchten euch auch heute noch eine letzte Hausaufgabe mitgeben. Dies ist ein Beobachtungsbogen. Ihr sollt also bitte jede Situation, in der ihr einen kleinen Streit gehabt habt, aufschreiben. Beobachtet, wie euer Körper reagiert hat, also, ob ihr rote Wangen bekommen habt oder euch heiß geworden ist oder Ähnliches und wie ihr die Situation in den Griff bekommen habt. Schreibt auch auf, was euch in dieser Situation überhaupt geholfen hat oder was euch gar nicht geholfen hat. Überlegt auch, ob es noch eine andere Lösung gegeben hätte. Bitte versucht, diesen Bogen sorgfältig auszufüllen. Wir würden gern wissen, ob ihr das, was wir geübt haben, auch anwenden könnt.

Bitte geben Sie als Hausaufgabe den Beobachtungsbogen mit und werten Sie Ihn in der nächsten Stunde aus. Sie können damit gut überprüfen, ob ein Übertrag in den Alltag stattfindet oder nicht.

H-K-9

Spiel „Daumenringen"

S-9-1

> *Trainer A*: Zum Abschluss möchten wir gerne mit Euch das Spiel „Daumenringen" spielen. Letztes Mal haben wir richtig Kräfte gemessen und unseren ganzen Körper mit aller Kraft eingesetzt. Heute geht es mehr um Köpfchen, Strategie und Konzentration.

> *Trainer B*: Bitte geht immer zu zweit zusammen. Streckt eure Arme aus und verhakt die Finger ineinander, aber bitte so, dass der Daumen frei beweglich bleibt. Gewonnen hat das Kind, welches es schafft, den Daumen des anderen unter dem eigenen Daumen „flachzulegen".

Achten Sie darauf, dass die Spielpartner einigermaßen gleichwertig sind, auch wenn bei diesem Spiel selbst schwächere Kinder eine gute Chance haben. Die Partner können auch einmal getauscht werden. Spielen Sie das Spiel solange es Ihnen möglich ist und solange die Kinder motiviert sind.

Verabschieden Sie die Kinder im Anschluss.

> *Trainer A*: Wir möchten uns jetzt von euch verabschieden. Unsere Gruppe wird sich nächste Woche ein letztes Mal treffen. Das heißt, wir werden auch ein wenig Abschied feiern.

> *Trainer B*: Bitte denkt trotzdem an die Hausaufgabe, auch wenn für die letzte Stunde ist. Kommt gut nach Hause, bis nächste Woche (Tag/Uhrzeit).

Zeichnen Sie die Teilnahmebestätigung der Kinder ab.

Konfliktlösungen

Lies dir die folgenden Situationen durch. Welche der Lösungen findest du gut? Bitte überlege dir auch Vor- und Nachteile zu den einzelnen Lösungen.

Du sitzt im Unterricht, deine Klasse ist sehr unruhig. Alle schwätzen, keiner beachtet, was der Lehrer sagt. Er wird richtig ärgerlich und gibt der Klasse Strafarbeiten auf. Was tust du?

1. Ich sehe es nicht ein, die Strafarbeiten zu machen, schließlich ist er selbst Schuld.

2. Ich versuche, mich in die Lage des Lehrers zu versetzen und nehme mir vor, mich das nächste Mal zu bemühen und erledige die Aufgaben.

3. Ich rufe meine Klassenkameraden an und versuche, sie zu überreden, die Aufgaben nicht zu machen. Wenn wir sie alle nicht machen, kann er nichts dagegen tun.

Du spielst mit zwei Freunden MONOPOLY. Sie haben beide mehr Straßen gekauft und besitzen offensichtlich auch mehr Geld. Es sieht so aus, als ob du am Verlieren bist. Was machst du?

1. Ich versuche, das Spiel fair weiterzuspielen. Wenn ich verliere, versuche ich, nicht sauer zu werden, sondern mit Fassung zu verlieren.

2. Ich versuche, heimlich Geld aus der „Bank" zu nehmen, dann habe ich noch Chancen.

3. Ich sage den beiden, dass ich keine Lust mehr auf das Spiel habe und lieber nach draußen auf den Spielplatz gehe.

Du hast deiner Mutter versprochen, dein Zimmer heute Nachmittag aufzuräumen. Sie verbringt den Nachmittag mit einer Freundin. Als sie am Abend zurückkommt und dein Zimmer sieht, wird sie sauer und beginnt zu schimpfen. Du hast es komplett vergessen und den Nachmittag ebenfalls mit Freunden verbracht. Wie kannst du diese Situation meistern?

1. Du hast keine Lust auf Streit und schließt dich in dein Zimmer ein, morgen ist ja auch noch ein Tag.

2. Du erinnerst dich an das Versprechen, entschuldigst dich bei deiner Mutter und gehst in dein Zimmer, um es aufzuräumen.

3. Du versprichst ihr, dein Zimmer morgen aufzuräumen.

A-K-9-1

Meine Streitkiller

Wenn ich in Streit gerate, dann können mir meine Streitkiller helfen!!!

1.

2.

3.

Mein persönlicher Hilfesatz:

A-K-9-2

Arbeitsmaterial zu „Stunde 9" aus:
Norbert Beck, Silke Cäsar & Britta Leonhardt. *Training sozialer Fertigkeiten mit Kindern im Alter von 8 bis 12 Jahren.* © by dgvt-Verlag, 2005.

Rollenspiele für Konfliktlösungen

Spielt die folgenden Rollenspiele gemeinsam durch und besprecht im Anschluss, welche Vor- und Nachteile eure einzelnen Lösungen haben.

1) „Ich flipp´ aus"

Du bist in deinen Sommerferien auf Zeltlager. Einige Jugendliche hast du schon kennen gelernt. Von den älteren Jungs/Mädchen sind allerdings immer wieder ein paar dabei, die dich veräppeln und über dich lachen. Gerade siehst du sie schon auf dich zusteuern.
Was tust du?

2) „Der kann was erleben"

Du bist mit ein paar Jungs auf dem Sportplatz, ihr spielt Fußball. Deine Mannschaft ist am Verlieren. Jetzt hast du den Ball, du rennst zum Tor, doch da wirst du von Björn (einem Angeber aus der anderen Mannschaft) angerempelt. Er schafft es, dir den Ball wegzunehmen und grinst dich an. Du merkst, wie die Wut in dir aufsteigt. Am liebsten würdest du ihm ins Gesicht schlagen.
Was kannst du stattdessen tun?

3) „Ruuuhe!!!!!!!!"

Lina möchte in Ruhe ein Buch lesen in ihrem Zimmer. Ihr kleiner Bruder stört sie dabei. Er klappert mit der Türe, lacht und singt laut.
Was kann sie tun?

4) „Das ausgeliehene T-Shirt"

Du hast dein Lieblings-T-Shirt deiner Freundin Tanja ausgeliehen. Vor Tagen hast du sie schon gebeten, es dir wieder mitzubringen. Endlich hat sie es dabei. Als du es aus der Tüte holst, bemerkst du, dass es komisch riecht und voll mit Flecken ist. Am Kragen hat es sogar ein kleines Loch. Dein Kopf wird sofort feuerrot, du bist total wütend.
Was tust du?

A-K-9-3

Ich beobachte mich!

Das hat mich auf die Palme gebracht:	So habe ich mich dabei gefühlt:	Das hilft mir, runterzukommen:	Das hilft mir nicht:

H-K-9

Arbeitsmaterial zu „Stunde 9" aus:
Norbert Beck, Silke Cäsar & Britta Leonhardt. *Training sozialer Fertigkeiten mit Kindern im Alter von 8 bis 12 Jahren.* © by dgvt-Verlag, 2005.

Daumenringen

Aus: Portmann, R. (2004). *Spiele zum Umgang mit Aggressionen.* München: Don Bosco Verlag.

Statt mit dem ganzen Körper kann auch nur mit den Fingern Druck gemacht werden. Auch nicht so starke Kinder haben hier eine echte Chance. Zum Siegen gehören nämlich nicht nur Körperkraft, sondern auch Schnelligkeit, Geschicklichkeit und Konzentrationsfähigkeit.

Zwei Kinder stellen oder setzen sich einander gegenüber. Sie strecken ihre rechten oder – bei Linksdominanz – linken Arme aus und verhaken die Finger der rechten oder linken Hände ineinander – nur der Daumen bleibt frei beweglich.

Gewonnen hat, wem es gelingt, den Daumen des anderen unter dem eigenen Daumen „flachzulegen".

S-9-1

Stunde 10: Konfliktmanagement
Teil 3: Generalisierung

Leitfaden für die zehnte Stunde

Grobstruktur	Inhalt	Arbeitsmaterialien
1. Begrüßung und Blitzlicht	▪ Rückmeldung über die Befindlichkeit in einer Partnerübung anhand eines Wetterberichtes	▪ Evtl. Wetterkarten
2. Kurze Wiederholung und Hausaufgabenbesprechung	▪ kurze Wiederholung des Themas „Konfliktmanagement 2: Aufbau von Lösungsstrategien" ▪ Hausaufgabe „Ich beobachte mich" besprechen	▪ Hausaufgabenblätter
3. Themenbearbeitung: Konfliktmanagement 3: Generalisierung	▪ Entwicklung individueller Konfliktlösemöglichkeiten	▪ Flip-Chart ▪ Arbeitsblatt A-K-9-2 ▪ Arbeitsblatt H-K-10
4. Auswerterunde	▪ Feed-back durch die Gruppenmitglieder	
5. Abschiedsrunde	▪ Wunschspiel ▪ Austeilen der Urkunden	

Stunde 10: Konfliktmanagement Teil 3: Generalisierung

Inhalte und Zielsetzung der Sitzung im Überblick

Im dritten und letzten Teil des „Konfliktmanagements" geht es primär um die Umsetzung des bisher Gelernten in den Alltag der Kinder. Dies können Sie anhand des Beobachtungsbogens überprüfen.

Außerdem dient diese Stunde als Auswertungsmöglichkeit mit den Kindern, zum Abschluss und zur Verabschiedung der Gruppe.

Checkliste: *Ausstattung und Materialien*

Ausstattung	Materialien
• Stühle (Anzahl der Teilnehmer + 2) • Flip-Chart mit Stiften oder Tafel	• Leitfaden für den Therapeuten • Flip-Chart-Notizen von Stunde 9 • Schild „Bitte nicht stören" • Arbeitsmappen der Teilnehmer • Arbeitsblatt A-K-9-2 • Hausaufgabenblatt H-K-10

Durchführung

1) Begrüßung und Blitzlichtrunde

Beginnen Sie auch die letzte Stunde wie gewohnt mit Ihrem Anfangsritual und der Blitzlichtrunde.

> *Trainer A*: Hallo zusammen. Wir dürfen euch heute ein letztes Mal begrüßen. Heute ist unsere letzte Stunde und auch in der letzten Stunde möchten wir mit dem Blitzlicht beginnen.

2) Kurze Wiederholung und Besprechung der Hausaufgabe

Um an die letzte Stunde anknüpfen zu können, lassen Sie ein Gruppenmitglied die Inhalte der vergangenen Stunde wiederholen. Stellen Sie das Flipchart mit den Aufzeichnungen der letzten Stunde bereit. („Was kann helfen? Was kann nicht helfen?")

Fordern Sie ein eher zurückhaltendes Kind gezielt auf, unterstützen Sie es dabei oder lassen Sie es durch die Gruppe unterstützen.

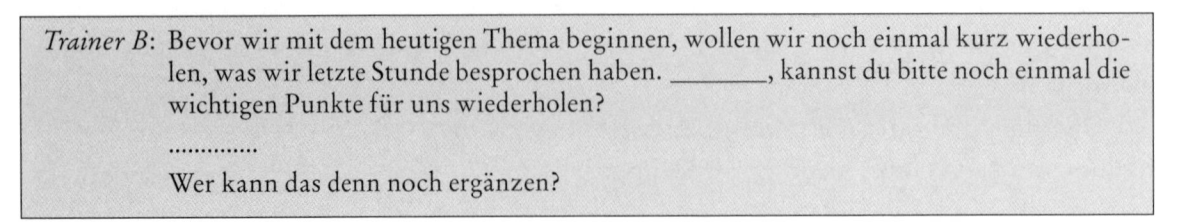

> *Trainer B*: Bevor wir mit dem heutigen Thema beginnen, wollen wir noch einmal kurz wiederholen, was wir letzte Stunde besprochen haben. _____, kannst du bitte noch einmal die wichtigen Punkte für uns wiederholen?
> ....
> Wer kann das denn noch ergänzen?

Es kann, wie bereits erwähnt, immer einmal vorkommen, dass Kinder die Hausaufgabe entweder gar nicht gemacht haben, das Arbeitsblatt haben liegen lassen oder Ähnliches. Fordern Sie in diesem Fall die Kinder dazu auf, dennoch gut mitzumachen oder sogar eventuell eine Situation aus der vergangenen Woche zu erarbeiten.

Sorgen Sie dafür, dass Kinder mit erledigten Hausaufgaben genügend positive Anerkennung und Lob bekommen. Die Hausaufgabenbesprechung stellt die Themenbearbeitung der heutigen Stunde dar.

> *Trainer A*: Ich bitte euch jetzt, euren Beobachtungsbogen, den wir euch als Hausaufgabe mitgegeben haben, zur Hand zu nehmen.
> Ich finde es wirklich ganz toll, dass so viele Kinder daran gedacht haben. Ich bin schon ganz gespannt auf die Situationen, die ihr erlebt habt. Wir wissen, dass ihr euch zusätzlich zu den Schulaufgaben Zeit nehmen müsst, um die Blätter für uns zu bearbeiten. Deshalb noch einmal ein ganz dickes Lob an alle, die sich die Mühe gemacht haben.

> *Trainer B*: Dem kann ich nur zustimmen. Und die Kinder, die es vergessen haben, möchten wir bitten, trotzdem gut mitzuarbeiten und vielleicht fällt euch noch eine Situation aus der vergangenen Woche ein, die ihr hier einbringen könnt.

3) Themenbearbeitung

Lassen Sie ein Kind beginnen, das sich sonst gerne im Hintergrund hält und nur selten oder überhaupt nicht beginnen möchte. Durch die direkte Aufforderung trauen sich meist auch zurückhaltende Kinder, einen Anfang zu machen.

> *Trainer A*: Vielleicht möchtest du, _____(Name des Kindes) einmal mit einer Situation beginnen. Wie ich sehe, hast du an die Hausaufgaben gedacht, das finde ich toll. Beginne bitte damit, uns kurz zu erzählen, um was es in der Situation ging.

Die Kinder sollen nur kurz erzählen, wie es zu dem Konflikt kam. Besprechen Sie auch genau die anderen Punkte:

Stunde 10: Konfliktmanagement Teil 3: Generalisierung

- Wie hat mein Körper reagiert? (Wut im Bauch, rotes Gesicht etc.)
- Wie habe ich reagiert?
- Wie hätte ich noch reagieren können?
- Was hätte mir überhaupt nicht geholfen?

Bei den letzten beiden Punkten sollten Sie alle Kinder mit einbeziehen. So können Sie davon ausgehen, dass alle bei der Sache sind und sich keiner langweilt. Ergänzen Sie bitte das Plakat von letzter Woche („Was hilft mir?"/„Was hilft nicht?") und halten Sie auf dem Flipchart fest, was die Kinder weitergebracht hat und was nicht (zielfördernd/zielhemmend).

> *Trainer B:* Ich teile euch noch eure Arbeitsmappen aus, bitte ergänzt noch das Arbeitsblatt (meine Streitkiller) der letzten Woche. Schreibt euch bitte noch die Punkte auf, die in Streitsituationen weiterhelfen können. Wir hoffen, dass ihr ab und an einmal eure Arbeitsmappen zur Hand nehmt und nachschaut, wie ihr was lösen könnt und was wir damals besprochen haben.
>
> Wir geben euch noch einen Arbeitsbogen mit. Das ist ab jetzt eure eigene Sache. Vielleicht könnt ihr das auch mit euren Eltern auswerten. Wichtig wäre dennoch, dass ihr weiterhin ausprobiert, was euch in schwierigen Situationen weiterbringt.

Geben Sie den Kindern ein paar Minuten Zeit, ihr Arbeitsblatt zu ergänzen.

A-K-9-2
und
H-K-10

4) Auswertungsrunde

> *Trainer A:* So, und jetzt packt bitte ganz schnell eure Mappen zur Seite. Wir möchten noch ganz kurz mit euch eine Runde machen, in der ihr sagen könnt, was euch an der Gruppe gefallen hat und was euch nicht gefallen hat. Vielleicht habt ihr ja für _____ (Name von Trainer B) und mich ein paar Tipps, was wir in der nächsten Gruppe besser machen können.

Die Kinder sollen hier die Möglichkeit haben, Kritik zu üben. Bitte achten Sie darauf, ob die Kinder die Kommunikationsregeln beachten und angemessen Kritik üben können (Blickkontakt, Satzbeginn mit „Ich finde ... .", „Mir hat ... gefallen.", „Mir hat ... nicht gefallen." usw.).

5) Abschiedsrunde

> *Trainer B*: Zum Abschluss möchten wir wie immer ein wenig Spaß mit euch haben. Wir haben auch heute wieder fleißig gearbeitet und es uns verdient.
> Wir haben gedacht, dass ihr heute einmal entscheiden dürft, welches Spiel wir spielen sollen. Vielleicht erinnert ihr euch an etwas, was euch in der Gruppe besonders gefallen hat und ihr unbedingt noch einmal spielen wollt. Wir müssen uns allerdings zunächst auf eines einigen, da wir erst sehen müssen, wie uns die Zeit reicht.

Gehen Sie auf die Wünsche der Kinder ein. Sich auf ein Spiel zu einigen, ist eine gute Übung und Sie können überprüfen, ob das, was Sie in den einzelnen Stunden erarbeitet haben, auch umgesetzt werden kann. Außerdem ist es die letzte Möglichkeit, die Kinder noch einmal zu unterstützen und anzuleiten.

Spielen Sie solange die Zeit reicht. Wenn möglich, kann auch ein zweiter Wunsch erfüllt werden. Jedoch sollte die Zeit nicht unendlich überschritten werden.

> *Trainer A*: Das war es also mit unserer Gruppe. Es war schön, mit euch zu arbeiten. Wir hoffen, dass ihr für euch etwas mitnehmen könnt und in manchen Situationen an das, was wir besprochen haben, zurückdenkt und es euch helfen kann. Wir können nur sagen, dass wir es toll fanden, wie ihr alle mitgemacht habt und bedanken uns auch bei euch dafür.
> Als Erinnerung an die Gruppe haben wir für jeden noch eine Urkunde für die erfolgreiche Teilnahme an der Gruppe.

Sie sollten heute jedes Kind einzeln und mit Handschlag verabschieden. So haben Sie auch die Möglichkeit, jedem Kind einen individuellen Wunsch mit auf den Weg zu geben. Die Urkunden für die Kinder sollten vorbereitet sein und mitgegeben werden.

Ich beobachte mich!

Das hat mich auf die Palme gebracht:	So habe ich mich dabei gefühlt:	Das hilft mir, runterzukommen:	Das hilft mir nicht:

H-K-10

Arbeitsmaterial zu „Stunde 10" aus:
Norbert Beck, Silke Cäsar & Britta Leonhardt. *Training sozialer Fertigkeiten mit Kindern im Alter von 8 bis 12 Jahren.* © by dgvt-Verlag, 2005.

URKUNDE

über die erfolgreiche Teilnahme der "Trainingsgruppe soziale Fertigkeiten"

....

Hiermit wird bestätigt, dass

erfolgreich an der Trainingsgruppe soziale Fertigkeiten teilgenommen hat

Datum: _____

(Unterschrift)

Urkunde

Auswertung der Gruppenleiter

Zum Abschluss jeder Gruppe ist es wichtig, dass beide Trainer diese Gruppe reflektieren. Diskutieren Sie folgende Punkte und halten das Ergebnis kurz fest:

- Haben Sie die Ziele erreicht?
  _____
  _____
  _____

- Waren die Ziele erreichbar oder stellten sie eine Überforderung/Unterforderung dar?
  _____
  _____
  _____

- Wie waren die Absprachen zwischen Ihnen beiden getroffen?
  _____
  _____
  _____

- Wie war die Materialauswahl?
  _____
  _____
  _____

- Was würden Sie an der nächsten Gruppe verändern?
  _____
  _____
  _____

Üben Sie auch gegenseitig Kritik, aber loben Sie sich auch!

Weitere Beobachtungen und Notizen:
_____
_____
_____
_____

Auswertung

Ergänzung: Weitere Themen

Ergänzung: Weitere Themen

Im Folgenden finden Sie ergänzend zu den zehn Stunden mit den Kindern Anregungen für die Bearbeitung weiterer Themen. Diese Stunden können nicht im Gruppensetting durchgeführt werden, da es sich um sehr belastende Themen handelt, die nur in einem vertrauten Rahmen bearbeitet werden sollten. Diese Themenarbeit kann sich über mehrere Stunden erstrecken, da die Themen kaum in dieser kurzen Zeit zu bearbeiten sind.

Wichtig jedoch ist es, dem Kind die Möglichkeit zu geben, ein belastendes Thema bearbeiten zu können.

Teilweise ist das Umfeld des Kindes selbst so belastet, die Eltern selbst gekränkt, verletzt und mit sich beschäftigt, sodass die Bedürftigkeit des Kindes nicht richtig wahrgenommen werden kann.

Für das Kind, mit dem Sie arbeiten, ist es dennoch von großer Bedeutung, seine Angst, die Frustration, die Wut, Trauer o.Ä. ausdrücken und auch ausleben zu dürfen. Es benötigt Unterstützung und Hilfe.

Sinnvoll ist es, die Eltern über die Themenbearbeitung zu informieren und ihnen die Notwendigkeit der Bearbeitung zu vermitteln. Fühlen sich Eltern verstanden, werden sie ihre Arbeit als Unterstützung und Entlastung sehen.

Zu folgenden Themen finden Sie Anregungen, Materialien und Literaturhinweise:

Mögliche Themen:

Tod, Trennung/Scheidung	A-1; A-2; A-3
Adoption/Pflegefamilien	
Angst- und Stressbewältigung	A-4; A-5
Immigranten/andere Religionen	A-6

Den Stundenumfang für ein Thema müssen Sie selbst individuell gestalten. Da die Bewältigung sich für jedes Kind anders gestaltet, wurde hierfür keine komplette Stunde ausgearbeitet. Es wurden vielmehr Tipps und Anregungen für die praktische Durchführung gesammelt. Sie finden weiter eine Literaturliste mit Empfehlungen für die einzelnen Themen.

Anregungen: Scheidung/Trennung

Bei diesem Thema eignen sich kreative Gestaltungsarbeiten. Das Kind kann an der Tatsache, dass die Eltern sich trennen wollen, nichts ändern. Dennoch braucht es einen geschützten Rahmen, in dem es seine Trauer und den Schmerz zum Ausdruck bringen kann.

Themenbeispiele für Malarbeiten:
- Bilder von der Familie wie sie einmal war, wie sie jetzt ist
- Wünsche für die Zukunft, für sich oder auch für später einmal, die eigene Familie
- ein Tagebuch gestalten, in dem Platz ist für Wünsche, Sorgen und Ängste

Gespräche zum Thema:
- um dem Kind die Schuldgefühle zu nehmen
- ihm in seinem Selbstwert zu stärken
- um das Trennungsverhalten der Erwachsenen besser zu verstehen (z.B. bei massiven Auseinandersetzungen usw.)

Bücher zum Thema (s. Literaturangaben):
- damit das Kind sieht, es ist mit dieser Erfahrung nicht alleine
- um sich mit dem Thema auseinanderzusetzen
- um eventuelle Lösungsmöglichkeiten für sich zu entdecken

Anregungen: Adoption/Pflegefamilien

Gestalten Sie mit dem Kind ein eigenes Buch, in welchem es die Möglichkeit hat, alles einzukleben, was es über seine Herkunftsfamilie weiß oder hat. Dies können verschiedene Dinge sein wie:
- Fotos
- Briefe
- Kopie der Geburtsurkunde
- Stammbaum der Familie (sofern bekannt)
- Informationen über die Eltern/Familie
- Wünsche für die eigene Zukunft
- Wie wünsche ich mir meine Familie?
- Erinnerungsstücke (wie Freundschaftsarmbänder o.Ä.)
- Gemalte Bilder mit der Familie/dem Haus o.Ä.
- Gebasteltes zur Erinnerung

Das Kind hat die Möglichkeit, sich während der Gestaltung mit dem Thema zu befassen und sich damit auseinanderzusetzen. Dies geschieht in Begleitung durch den Therapeuten und kann bei Bedarf aufgefangen werden.

Anregungen: Thema „Angst"

Gestalten Sie mit dem Kind ein „Angst-Tagebuch":

Ergänzung: Weitere Themen

- Das Kind sollte einige theoretische Hintergründe über Angst vermittelt bekommen (es gibt Situationen, die bei jedem Menschen Angst hervorrufen, Bedrohung usw.).
- Es ist wichtig, mit dem Kind aufzuschreiben, welche Situationen bei ihm Angst hervorrufen.
- Komponenten der Angst:
    - Körperliche Reaktionen
    - Das Verhalten in solchen Situationen
    - Welche Gedanken in diesen Situationen aufkommen (automatische Gedanken)
- Diese Angst-Situationen sollten über einen längeren Zeitraum notiert werden.
- Alles, was erarbeitet wird, kann in das Heft geschrieben, geklebt oder geheftet werden.

In das Tagebuch sollten auch alle Hilfemaßnahmen notiert werden:

- Gedanken, die in diesen Situationen helfen können („Ich schaffe das!", „Augen zu und durch!" usw.).
- Gestalten Sie gemeinsam mit dem Kind eine Liste, was helfen kann, um die Angst zu überwinden (z.B. Musik hören, sich selbst Mut machen, einen Glücksstein bei sich tragen u.Ä.).
- Weiterhin sollten die Angst-Situationen notiert werden, mit Reflexion, was schon besser funktioniert hat.
- Gestalten Sie eine Liste mit Belohnungen für das Kind, wenn es eine angstbesetzte Situation gemeistert oder besser gestaltet hat. Ein Verstärker sollte unmittelbar danach folgen. Das Kind hat dann auch die Möglichkeit, sich selbst zu belohnen.

Übungsblatt „Kennenlernen" oder Einführungshilfe zum Thema „Angst"

Kopieren Sie die Vorlage A-4, wenn möglich, auf DIN A3 für jedes Kind. Fordern Sie die Kinder auf, Dinge, die zu ihrem Leben und ihnen gehören, auf das Blatt in und um das Wort „ICH" zu schreiben und zu malen. Geben Sie den Kindern 15 bis 20 Minuten Zeit.

Sie können dies zum Kennenlernen der Gruppe verwenden. Im Bereich der weiteren Themen ist es geeignet, um in das Thema „Angst" in Einzelstunden einzusteigen. Die Kinder haben in beiden Fällen die Möglichkeit, Informationen über sich darzustellen und haben im anschließenden Gespräch eine unterstützende Hilfe, um über sich zu sprechen.

Anregungen: Immigranten

- Zeigen Sie Bilder/Fotos zum jeweiligen Land, um das es gehen soll.
- Lassen Sie die Kinder gegebenenfalls Informationen über das Land (wie z.B. Türkei) einholen. Sie können sie zum Beispiel in einem Reisebüro ein Interview machen lassen. Dies ist gleichzeitig auch eine gute Übung zum Thema „Fremdkontakte aufnehmen".

- Stellen Sie vorher einen Fragenkatalog für die Kinder zusammen (ähnlich wie eine Stadtrallye).
- Kochen Sie einmal gemeinsam mit den Kindern ein landestypisches Gericht.
- Besprechen Sie, welche Namen welche Bedeutung haben.
- Lernen Sie gemeinsam mit der Gruppe einen landestypischen Tanz.
- Sprechen Sie mit der Gruppe über die unterschiedlichen Kulturen, Sitten, Gewohnheiten von unserem Land und stellen Sie diese dem fremden Land gegenüber.

Weiterführende Literatur

Trennung/Scheidung:
- Scheffler, U. & Gotzen-Beek, B. (2002). *Von Papa lass ich mich nicht scheiden* (Vorlesegeschichten). Ravensburger Buchverlag.
- Meyer-Glitza, E. (2001). *Ein Funkspruch von Papa: Therapeutische Geschichten zu Trennung und Verlust.* Iskopress.
- Aponte, E. (2004). *Wenn Papa und Mama sich trennen: Ein Erste-Hilfe-Buch für Kinder.* Silberschnur.
- Spangenberg, B. (2002). *Märchen helfen Scheidungskindern.* Herder.
- Maar, N. & Ballhaus, V. (1998). *Papa wohnt jetzt in der Heinrichstraße.* Pro Juventute.

Adoption
- Krauß, I. (2000). *Rabentochter.* Sauerländer. (ab 12 J.)
- Tijsinger, E. (2002). *Lotos bringt Glück.* Krachhaus. (ab 11 J.)
- Broere, R. & de Bode, A. (2000). *Tim gehört zu uns.* Heinrich Ellermann-Verlag. (ab 5 J.)

Tod
- Varley, S. (2000). *Leb wohl lieber Dachs.* Beltz.
- Hermann, I. & Sole Vendrell, C. (2000). *Du wirst immer bei mir sein.* Patmos.
- Fried, A. & Gleich, J. (1997). *Hat Opa einen Anzug an?* Hauser.

Angst
- Dietl, E. (1999). *Der tapfere Theo oder wie man seine Angst besiegt.* Thienemann.
- Ortner, G. (1999). *Märchen, die Kindern helfen.* dtv.
- Terrake, S. (2003). *Du und ich, wir schaffen das.* Coppenrath.

Behinderung
- Härtling, P. (1998). Das war der Hirbel. Beltz u. Gelberg.
- Pressler, M. (1997). Stolperschritte. Ravensburger.
- Pressler, M. (1986). Bitterschokolade. Beltz u. Gelberg.
- Tamaro, S. (1995). Der kugelrunde Roberto. Diogenes.

Immigranten/andere Religionen
- von Boie, K. (1995). Erwachsene reden. Marco hat etwas getan. dtv.
- von Roeder-Gnadeberg, K. (1995). Andschana: Die Geschichte eines indischen Mädchens. Thienemann. (ab 10 J.)

Mein Abschiedsbrief

Schreibe dem Menschen, von dem du dich verabschieden musst, einen Brief. Schreibe alle deine Gedanken auf, die du ihm vielleicht noch gerne mitgeteilt hättest oder die du ihm zum Abschied sagen möchtest.

Du kannst diesen Brief an sein Grab bringen oder ihn verbrennen und die Asche an einem schönen Ort vom Wind verwehen lassen. Er wird deine Gedanken lesen!!!!!

A-1

Lustige Fotos

A-2

Arbeitsmaterial zu „Weitere Themen" aus:
Norbert Beck, Silke Cäsar & Britta Leonhardt. *Training sozialer Fertigkeiten mit Kindern im Alter von 8 bis 12 Jahren.* © by dgvt-Verlag, 2005.

Traurige Fotos

A-3

Arbeitsmaterial zu „Weitere Themen" aus:
Norbert Beck, Silke Cäsar & Britta Leonhardt. *Training sozialer Fertigkeiten mit Kindern im Alter von 8 bis 12 Jahren.* © by dgvt-Verlag, 2005.

A-4

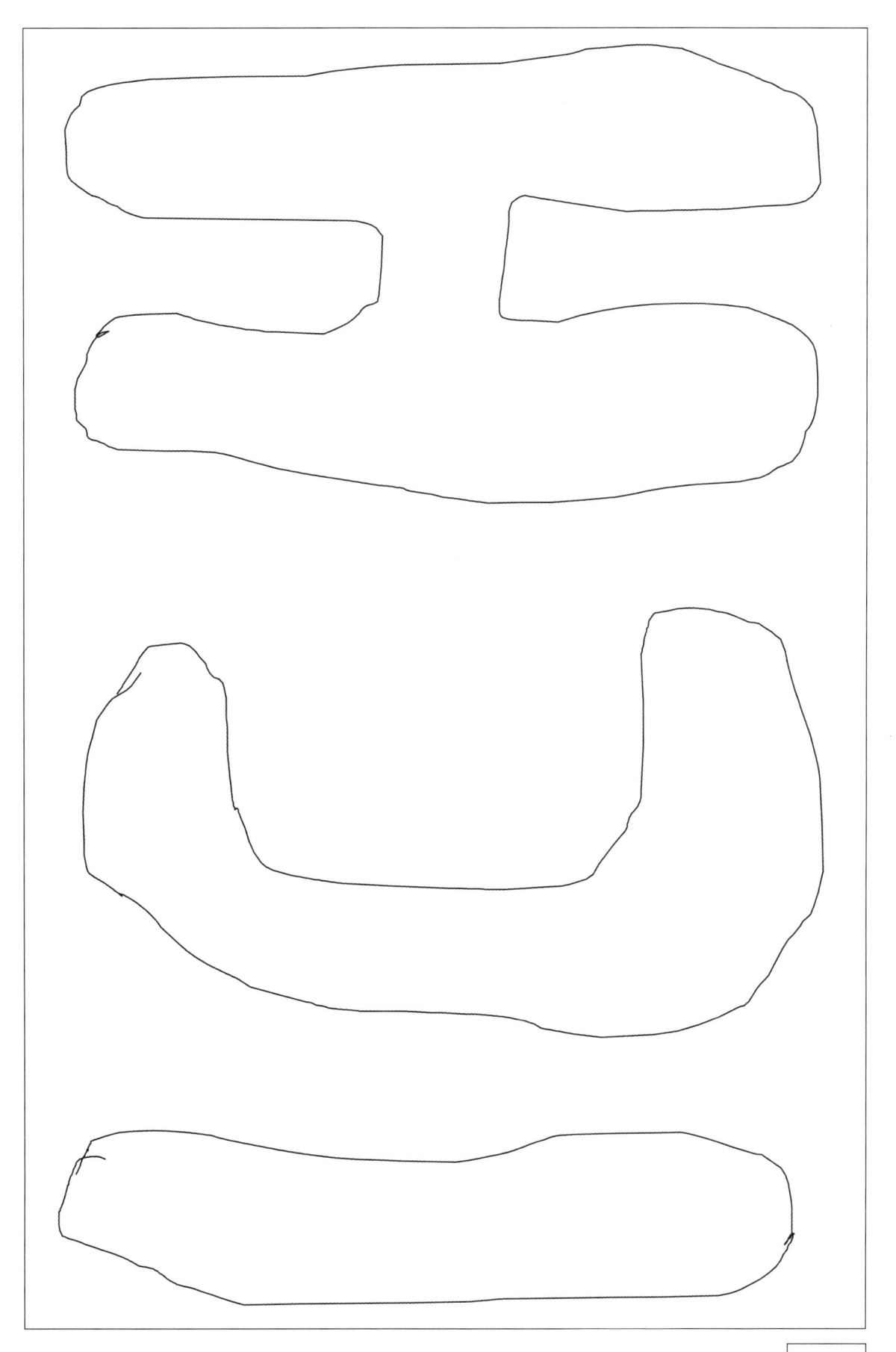

Arbeitsmaterial zu „Weitere Themen" aus:
Norbert Beck, Silke Cäsar & Britta Leonhardt. *Training sozialer Fertigkeiten mit Kindern im Alter von 8 bis 12 Jahren.* © by dgvt-Verlag, 2005.

Meine Gedanken

Bitte notiere hier alle *Gedanken*, die dir in der letzten Zeit nützlich waren und *Gedanken*, die dich noch mehr in schlechte Stimmung gebracht haben. (z.B. „Das schaffe ich nie!" oder „Ich weiß, ich kann es schaffen!" oder „Heute habe ich allen Grund, traurig zu sein, also darf ich das jetzt auch.").

Gedanken, die mir gar nicht helfen

Gedanken, die mich weiterbringen

A-5

Thema „anders sein"

Wir unterscheiden uns bezüglich *Herkunft, Religion, Geschlecht, Gesundheit/Krankheit, Bevölkerungsschicht, Wohnort, Erziehung etc.*

Beantworte folgende Fragen:

Wie reagieren die Menschen auf solche Unterschiede?
___
___

Wie wäre die Welt, wenn wir alle gleich wären?
___
___

Wie fühlst du dich, wenn du mit jemandem zusammen bist, der anders ist als du?
___
___

Was kannst du dagegen tun, wenn du dich unbehaglich in der Gesellschaft eines Menschen fühlst, der anders ist als du?
___
___

Wie fühlst du dich, wenn dich jemand schlecht behandelt, weil du selbst anders bist?
___
___

A-6

Durchführungsanleitung für die Stunden mit den Eltern

2.3 Durchführungsanleitung für die Stunden mit den Eltern

Im Folgenden finden Sie die konkrete Durchführungsanleitung für die Stunden mit den Eltern sowie das Elternhandbuch.

	Thema
1. Sitzung	• Vorstellung der Trainer und Einleitung • Zielsetzung der Gruppe • Vorstellung der Teilnehmer • Abklären von Wünschen und Erwartungen • Informationsvermittlung zur Sozialen Kompetenz • Festlegung individueller Zielsetzungen
2. Sitzung	• Zusammenfassung der ersten Sitzung • Durchführung der Demonstrationsspiele • Auswertung der Demonstrationsspiele • Hausaufgabe
3. Sitzung	• Zusammenfassung der zweiten Sitzung • Definition zweckmäßiger Hilfen und Konkretisieren der Hilfen für den Einzelfall

Stunde 1 mit den Eltern

Stunde 1 mit den Eltern

Inhalte und Zielsetzung der ersten Sitzung

Beim ersten gemeinsamen Treffen mit den Eltern geht es darum, den Eltern die Trainingsgruppe vorzustellen sowie sie für eine Kooperation zu gewinnen. Untersuchungen haben gezeigt, dass eine gute Zusammenarbeit mit den Eltern sowohl für die Effektivität einer Intervention an sich als auch für die Stabilität des Erfolges von großer Bedeutung ist. Grundlagen, die in der Arbeit mit den Kindern gelegt werden, müssen mit den Eltern im häuslichen Rahmen weitergeführt und ausgebaut werden.

Weiter werden in dieser Sitzung Informationen zum Thema „Soziale Kompetenz" vermittelt und individuelle Zielsetzungen für die Eltern erarbeitet.

Checkliste: *Ausstattung und Materialien*

Ausstattung	Materialien
• Stühle (Anzahl der Teilnehmer + 2) • Overhead-Projektor • Flip-Chart oder Tafel mit entsprechenden Stiften • Namensschilder der Trainer • Stifte für alle Teilnehmer	• Leitfaden für den Therapeuten • Arbeitsheftchen für die Eltern • Folien (F-E-1-1/F-E-1-2)

Durchführung

1) Eigene Vorstellung der Trainer und Einleitung

Beginnen Sie mit der Begrüßung der Gruppe, wenn alle Eltern anwesend sind. Loben Sie die Eltern für Ihr Kommen. Im Anschluss führen Sie in die Thematik ein.

A-E-S. 1/2

Da es einigen Eltern leichter fällt, zunächst noch zuzuhören und noch nicht selbst in der Gruppe zu sprechen, sollte die Einführung in die Thematik vor der Vorstellung der Eltern stattfinden. Legen Sie mit den Eltern die nächsten Termine fest und lassen Sie die Termine in das Arbeitsheftchen für die Eltern eintragen. Besprechen Sie mit den Eltern auch die Termine der Kinder und lassen Sie diese in das Arbeitsheft eintragen.

II Manual zum „Gruppentraining sozialer Fertigkeiten"

> *Trainer A*: Wir möchten Sie herzlich zu unserer gemeinsamen Gruppe begrüßen und uns dafür bedanken, dass Sie sich Zeit genommen haben, Ihr Kind durch Ihre Mitarbeit hier zu unterstützen. Mein Name ist ...., ich arbeite hier als .... und führe mit meinem Kollegen die Gruppe durch, an der Ihr Kind teilnimmt.
>
> Zielsetzung der Gruppe, die wir für Ihre Kinder anbieten, ist es, dass Ihr Kind zusammen mit anderen Kindern unter Anleitung Möglichkeiten kennen lernt, wie es mit anderen Kindern oder auch Erwachsenen besser zurechtkommen kann. Dazu gehören bestimmte Fertigkeiten wie z.B. Freundschaften schließen und Wünsche, Bedürfnisse und Gefühle anderer zu berücksichtigen. Genauso ist es aber wichtig, eigene Wünsche und Bedürfnisse auszudrücken, auch mal „nein" zu sagen und sich etwas zuzutrauen. Ein weiterer wichtiger Punkt ist, neue Möglichkeiten auszuprobieren, wie die Kinder in schwierigen Situationen (z.B. Streitigkeiten) reagieren können.
>
> Alle diese Fertigkeiten nennt man „soziale Fertigkeiten", deshalb heißt die Gruppe auch „Trainingsgruppe sozialer Fertigkeiten".
>
> Das Erlernen sozialer Fertigkeiten ist eine sehr wichtige Aufgabe in der Entwicklung Ihres Kindes. Soziale Fertigkeiten helfen Ihrem Kind, neue Aufgaben im Leben zu bewältigen und im Zusammenleben mit anderen Menschen angemessen zu reagieren.
>
> Wir werden uns in den nächsten Wochen zu insgesamt zehn Terminen mit Ihrem Kind treffen, um solche Fertigkeiten zu üben. Wir werden in der Gruppe unterschiedliche Übungen mit den Kindern machen. Zwischen den Stunden werden die Kinder auch Hausaufgaben zu erledigen haben. Bitte unterstützen Sie Ihr Kind dabei, soweit es Ihnen möglich ist.
>
> In diesem Lernprozess können Sie Ihr Kind wesentlich unterstützen. Wir laden Sie deshalb ein, beim heutigen und bei den nächsten beiden Treffen einige Möglichkeiten kennen zu lernen, mit denen Sie Ihrem Kind im Alltag helfen können, soziale Fertigkeiten zu entwickeln. Die wichtigsten Schritte sind in diesem Heftchen zusammengestellt. Hier können Sie auch zwischen unseren Treffen nachlesen bzw. bestimmte Aufgaben erledigen. Es finden sich in diesem Heftchen auch Arbeitsblätter, die wir erst später benötigen.
>
> Zunächst möchten wir die nächsten gemeinsamen Termine festlegen. Wir sollten uns im Abstand von zwei Wochen treffen. Bitte schlagen Sie das Heftchen auf Seite 1 auf, dort können Sie die Termine eintragen.
>
> Haben Sie zum aktuellen Zeitpunkt noch Fragen?
>
> Weiter teilen wir Ihnen noch die Termine für die Kinder mit, damit Sie gemeinsam daran denken können. Tragen Sie diese Termine in Ihrem Heft auf Seite 2 ein.

2) Vorstellung der Teilnehmer

Im nächsten Schritt sollen sich die Eltern kurz in der Gruppe vorstellen. Sollte sich kein Elternteil finden, das mit der Vorstellungsrunde beginnt, unterstützen Sie jemanden, zu beginnen. Sollten Eltern sehr wortkarg oder ängstlich sein, helfen Sie durch gezielte Fragen. Weiter sollen Erwartungen und Wünsche der Eltern erfasst werden.

> *Trainer B*: Bevor wir mit unserer gemeinsamen Arbeit beginnen, möchte ich Sie gerne bitten, sich der Gruppe kurz vorzustellen. Nennen Sie Ihren Namen, wenn Sie möchten, wie alt Sie sind, wie viele Kinder Sie haben, was Sie beruflich machen oder Ähnliches.

Manche Eltern nehmen in der Vorstellungsrunde viel Zeit für sich in Anspruch, andere wiederum sind sehr zurückhaltend, vielleicht ängstlich. Versuchen Sie, die eher zurückhaltenden Eltern durch gezielte Fragen zu unterstützen. Eltern, die sehr lange von sich erzählen, sollten Sie mit dem Hinweis, dass sie später noch Gelegenheit haben, ausführlicher über ihr Kind zu sprechen, wohlwollend unterbrechen („Ich merke, dass Sie ganz viel bewegt, was Ihr Kind angeht. Wir werden später noch ausführlicher über jedes einzelne Kind sprechen, zunächst möchten wir uns nur gegenseitig vorstellen").

3) Abklärung von Wünschen und Erwartungen

In diesem Schritt sollen die Eltern ihre persönlichen Erwartungen an die Gruppe schriftlich festhalten. Im Anschluss werden die Erwartungen und Wünsche in der Gruppe ausgetauscht.

A-E-S. 2

Trainer A: Für unsere Arbeit in der Gruppe ist es wichtig, welche Wünsche und Erwartungen Sie an die Gruppe haben. Ich möchte Sie deshalb bitten, sich kurz Gedanken zu machen, was Sie sich von der Gruppe erwarten. Notieren Sie Ihre Wünsche und Erwartungen in einigen Sätzen in Ihr Heftchen auf Seite 2. Wenn Sie sich alle Gedanken gemacht haben, werden wir die Wünsche in der Gruppe zusammentragen.

Lassen Sie die Eltern reihum Erwartungen äußern und notieren Sie die Äußerungen auf dem Flip-Chart. Versuchen Sie, wenn möglich, ähnliche Erwartungen zusammenzufassen.

4) Informationsvermittlung: Was ist „Soziale Kompetenz"?

In diesem Abschnitt wird vermittelt, dass es sehr unterschiedliche Formen sozialer Schwierigkeiten geben kann, teilweise aber auch verschiedene Eltern sehr ähnliche problematische Verhaltensweisen bei ihren Kindern kennen. Weiter wird kurz auf bedeutende Faktoren bei der Entwicklung sozialer Fertigkeiten eingegangen.

A-E-S. 3

Trainer B: Wir hatten zu Beginn schon erwähnt, dass Kinder sehr verschieden in sozialen Situationen reagieren. Manche Kinder trauen sich nicht, jemanden anzusprechen, sobald fremde Personen dabei sind, sie reagieren schüchtern oder ängstlich und vermeiden vielleicht soziale Situationen. Andere Kinder reagieren eher aggressiv, wollen ihre eigenen Bedürfnisse immer in den Mittelpunkt stellen und geraten deshalb in Konflikte. Voraussetzung für sozial angemessenes Verhalten sind Fertigkeiten, von denen Sie eine Reihe auf der Folie und in Ihrem Heftchen auf Seite 3 finden. Ich bitte Sie, mit mir gemeinsam diese Liste durchzugehen und sie eventuell auch zu ergänzen. Gleichzeitig können Sie in Ihrem Heftchen ankreuzen, wo Ihr Kind Stärken und wo Ihr Kind eventuell Schwächen hat.

II Manual zum „Gruppentraining sozialer Fertigkeiten"

F-E-1-1

Übung in der Gruppe: Legen Sie Folie F-E-1-1 auf. Gehen Sie mit den Eltern die Liste durch, erklären Sie jeden einzelnen Punkt etwas und lassen Sie die Liste ergänzen. Die Eltern sollten am Ende sowohl bei den „Stärken" als auch bei den „Schwächen" die für ihr Kind relevanten Verhaltensweisen angekreuzt haben.

5) Welche Gründe gibt es für Defizite bei den sozialen Fertigkeiten?

F-E-1-2

In diesem Schritt werden den Eltern Faktoren vorgestellt, die einen Einfluss auf das Verhalten der Kinder und somit auch auf die Entwicklung sozialer Fertigkeiten haben können. Zielsetzung ist es, den Eltern Möglichkeiten der Veränderung aufzuzeigen und nicht, ihnen die Schuld für die Entwicklung sozial unangemessenen Verhaltens zuzuschreiben. Deshalb ist es wichtig, nicht über mögliche Ursachen sozialer Verhaltensauffälligkeiten zu sprechen, sondern über Faktoren, die die Entwicklung sozialer Fertigkeiten beeinflussen. Legen Sie Folie F-E-1-2 auf.

> *Trainer A*: Wie für alle Verhaltensweisen gibt es auch für die Entwicklung sozialer Fertigkeiten eine ganze Reihe von möglichen Faktoren, die eine Rolle spielen.
> Eine Reihe von Kindern kommt bereits mit einer Ausstattung auf die Welt, die die Weichen für bestimmte Verhaltensweisen stellen. Dies kann bedeuten, dass einige Kinder grundsätzlich ängstlich und zurückhaltend, andere aufgeschlossener und geselliger sind. Dies kann aber auch bedeuten, dass einige Kinder dazu neigen, eher impulsiv, unüberlegt zu handeln. Solche Kinder haben oft das Gefühl, dass sich alles gegen sie richtet, sie immer Schuld sind und falsch behandelt werden. Diese Verhaltensweisen sind **genetische Ausstattungen** oder sind Ausdruck eines bestimmten **Temperaments.**
> Natürlich spielen auch **Erfahrungen** im **Kindergarten,** in der **Schule** und in der **Freizeit** eine wichtige Rolle. Kinder schauen sich soziale Verhaltensweisen bei anderen Kindern und auch bei Erwachsenen ab und verhalten sich dann in ähnlicher Weise. Sie trauen sich z.B. dann mehr, wenn sie für ihr Verhalten gelobt werden, sie entwickeln möglicherweise eher Ängste, wenn sie vor der Gruppe Gleichaltriger bloßgestellt wurden. Selbstunsichere Kinder und auch aggressive Kinder werden häufiger von Gleichaltrigen abgelehnt. Diese Erfahrung führt vielleicht dazu, dass Kinder noch mehr sozial unangemessenes Verhalten zeigen.
> Eine sehr wichtige Rolle bei der Entwicklung Sozialer Kompetenzen spielt die **Lernerfahrung der Kinder in der Familie.** Zum einen orientieren sich die Kinder am Verhalten ihrer Eltern. Erleben Kinder ihre Eltern als selbstsicher und gesellig, so hilft es ihnen, auch offener auf andere zuzugehen.
> Weiter lernen Kinder soziale Fertigkeiten dadurch, wie Eltern auf bestimmtes Verhalten reagieren. Sie lernen aus den Erfahrungen, die sie mit einem Verhalten machen, Kinder lernen aus den Konsequenzen. Je nachdem, ob diese Erfahrungen positiv oder negativ sind, werden die Kinder das Verhalten häufiger oder eben seltener zeigen. Lassen sie mich dazu ein Beispiel nennen.
> Beispiel: Familie Schmitt erwartet Arbeitskollegen von Herrn Schmitt zu einem Essen. Die Arbeitskollegen bringen teilweise ihre Kinder mit. Für die 4-jährige Lisa ist dies eine neue Situation, dass so viele fremde Menschen zu Besuch sind. Sie hat Angst, schmiegt sich an die Mutter, möchte am liebsten den ganzen Abend auf dem Schoß der Mutter sitzen.
> Die Mutter unterstützt Lisa, mit den anderen Kindern zu spielen, indem sie das Mädchen nicht auf ihrem Schoß sitzen läßt, sondern Lisa mit den anderen Kindern zusammen-

Stunde 1 mit den Eltern

> bringt. Sie bleibt zunächst noch kurz bei Lisa und den anderen Kindern, bahnt ein Spiel an und läßt Lisa dann mit den anderen Kindern allein. Nach kurzer Zeit hat Lisa die Angst überwunden und findet Spaß am Spiel mit den anderen Kindern. Bei einer nächsten Gelegenheit wird Lisa weniger ängstlich auf fremde Kinder reagieren. Genau an diesem Punkt liegt auch Ihre Möglichkeit, die neuen Erfahrungen, die Ihre Kinder in der Gruppe „Training sozialer Fertigkeiten" machen, zu unterstützen.

6) Festlegung einer individuellen Zielsetzung

A-E-S. 5

Nachdem einige wichtige Faktoren für die Entwicklung sozial kompetenten Verhaltens vermittelt wurden, sollen die Eltern nun ein spezifisches problematisches Verhalten als Zielsetzung in den Mittelpunkt stellen. Ganz besonders wichtig ist es, darauf zu achten, dass
- das Verhalten positiv beschrieben wird,
- dieses Verhalten sehr genau beschrieben wird,
- es sich um ein veränderbares Verhalten handelt,
- Veränderungen auch zu registrieren sind.

> *Trainer B:* Wir haben Ihnen nun einige Faktoren genannt, die bei der Entwicklung sozial kompetenten Verhaltens von Bedeutung sind. Zuvor hatten Sie eine Liste möglicher sozialer Verhaltensweisen kennen gelernt, Sie hatten sich Gedanken gemacht, welches Verhalten bei Ihrem Kind gut ausgeprägt ist und wo Ihr Kind möglicherweise Schwächen zeigt. Für die Unterstützung Ihres Kindes ist es jetzt wichtig, sich ein oder zwei Verhaltensweisen auszusuchen, die Sie bei Ihrem Kind in der nächsten Zeit fördern möchten. Möglichkeiten der Förderung sollen in der nächsten Stunde ganz im Mittelpunkt stehen. Ich bitte Sie deshalb, sich kurz Zeit zu nehmen und in Ihrem Heftchen auf Seite 5 maximal drei Verhaltensweisen einzutragen, die Ihnen wichtig sind. Wir werden im Anschluss über Ihre Ziele sprechen.

Geben Sie den Eltern zehn Minuten Zeit, sich eine oder zwei Verhaltensweisen zu notieren. Im Anschluss fordern Sie die Eltern auf, die notierten Verhaltensweisen in der Gruppe vorzutragen. Achten Sie darauf, dass es sehr spezifische Verhaltensweisen sein sollten, die die Eltern beschreiben. Unterstützen Sie die Eltern, das Verhalten ihrer Kinder sehr genau zu beschreiben und Wertungen und Interpretationen zu vermeiden. Am Ende dieses Prozesses sollten im Sinne einer Verhaltensanalyse folgende Aspekte berücksichtigt sein:
- In welcher **Situation** findet das Verhalten statt?
- Wie sieht das **Verhalten konkret** aus?
- Welche **kurzfristigen Konsequenzen** hat das Verhalten für das Kind?
- Welche **langfristigen Konsequenzen** hat das Verhalten für das Kind?

Für jedes Kind sollte eine solche Analyse entstehen.

Abschluss: Bedanken Sie sich bei den Eltern für ihre Mitarbeit und weisen Sie auf den nächsten Termin hin.

Auswahl sozial kompetenter Verhaltensweisen

	Stärken	Schwächen
• „Nein" sagen können	☐	☐
• Auf Kritik nicht aggressiv reagieren	☐	☐
• Jemanden zum Spiel auffordern können	☐	☐
• Jemanden kritisieren, ohne ihn zu verletzen	☐	☐
• Um etwas bitten können	☐	☐
• Gespräche beginnen können	☐	☐
• Eigene Wünsche äußern können	☐	☐
• Selbst Entscheidungen treffen	☐	☐
• Fremde Situationen aushalten	☐	☐
• Situationen mit vielen Menschen nicht vermeiden	☐	☐
• Sich vor der Gruppe etwas sagen trauen	☐	☐
(z.B. in der Klasse)	☐	☐
• Auseinandersetzungen lösen, ohne zu schlagen	☐	☐
•	☐	☐
•	☐	☐
•	☐	☐

F-E-1-1

Lernerfahrungen in der Schule, im Kindergarten und in der Freizeit

Temperament

Genetische Komponente (Vererbung)

Lernerfahrungen in der Familie

F-E-1-2

Arbeitsmaterial zu „Stunde 1 mit den Eltern" aus:
Norbert Beck, Silke Cäsar & Britta Leonhardt. *Training sozialer Fertigkeiten mit Kindern im Alter von 8 bis 12 Jahren.* © by dgvt-Verlag, 2005.

Stunde 2 mit den Eltern

Stunde 2 mit den Eltern

Inhalte und Zielsetzung der zweiten Sitzung

In diesem zweiten Block werden den Eltern grundsätzliche Möglichkeiten zur Unterstützung von (sozialen) Lernprozessen vermittelt. Ausgangspunkt ist die Annahme, dass ein Mangel an Sozialen Kompetenzen durch die ungenügende Beherrschung bzw. die mangelnde Ausformung angemessener sozialer Verhaltensweisen gekennzeichnet ist. Mit anderen Worten: Das Kind hat das entsprechende Verhalten (noch) nicht gelernt oder es hat ein bestimmtes Verhalten als nicht erfolgreich erlebt.

Die verhaltenssteuernde Wirkung situationaler Bedingungen und nachfolgender Konsequenzen wird den Eltern anhand zweier Spielsequenzen und der nachfolgenden Auswertung verdeutlicht.

1) Wiederholung der Inhalte des ersten Treffens

Bevor Sie mit den Demonstrationsübungen beginnen, begrüßen Sie die Eltern und fassen Sie die letzte Einheit noch einmal zusammen:
Legen Sie Folie F-E-2-1 auf.

F-E-2-1

> *Trainer A*: Bei unserem letzten Zusammentreffen hatte ich versucht, Ihnen zu verdeutlichen, was wir unter „sozialen Fertigkeiten" verstehen. Ganz wichtig waren Überlegungen, wie sich sozial kompetentes Verhalten entwickelt. In einem letzten Schritt haben Sie einige ganz konkrete Verhaltensweisen herausgefunden, die Sie bei Ihrem Kind unterstützen möchten. Diese Verhaltensweisen sind unsere Zielsetzungen für Veränderungen.
> Können Sie sich noch an für Sie wichtige Inhalte der letzten Stunde erinnern?
> Haben Sie zu diesen Punkten noch Fragen oder Anmerkungen?

Geben Sie den Teilnehmern die Möglichkeit, sich noch einmal über die Inhalte der vergangenen Sitzung zu äußern. Achten Sie aber darauf, dass es tatsächlich auch Fragen oder Äußerungen zur vergangenen Sitzung sind. Sollten Eltern spezifisch zu Veränderungsmöglichkeiten Fragen haben, verweisen Sie auf die kommenden Sitzungen.

Führen Sie anschließend in die heutige Sitzung ein.

2) Durchführung der Demonstrationsspiele

> *Trainer B*: Heute möchten wir gerne Möglichkeiten in den Mittelpunkt stellen, welche Hilfen für unsere Kinder eine Unterstützung im Erlernen sozialer Fertigkeiten sind. Dazu möchte ich zwei Übungen mit Ihnen machen.

1. Übung

> *Trainer B*: In der ersten Übung möchte ich jemanden aus Ihrer Runde bitten, einen ganz kurzen Vortrag, sagen wir zwei bis drei Minuten, mit einem Thema seiner eigenen Wahl zu halten.

Sie werden auf diese Instruktion zwei mögliche Reaktionen der Gruppe erfahren, die Sie im weiteren Verlauf nutzen können: (Wahrscheinlich werden Sie die erste beschriebene Reaktion häufiger erleben.)

1. Reaktion

Es erklärt sich kein Elternteil bereit, diesen kurzen Vortrag zu halten. Es wird Betroffenheit, Überforderung, möglicherweise Angst vor der Redesituation ausgedrückt. Geben Sie den Eltern kurz Zeit, sich zu entscheiden. Diese Situation ist möglicherweise schwer auszuhalten, brechen Sie die Situation als Trainer aber nicht zu schnell ab. Kommentieren Sie auch nicht. Schauen Sie lediglich durch die Runde. Nach zwei bis drei Minuten beenden Sie die Situation und führen zur zweiten Übung über.

> *Trainer A*: Es ist sehr schwer, aus dem Stehgreif ein kurzes Referat zu halten. Lassen Sie uns zur zweiten Übung übergehen.

2. Reaktion

Es erklärt sich ein Elternteil bereit, über ein selbst gewähltes Thema kurz zu sprechen. Bitten Sie dieses Elternteil, wenn möglich, aufzustehen. Alle weiteren Nachfragen des Elternteils können Sie mit dem Hinweis kommentieren, dass es dem Elternteil überlassen bleibt, wie und worüber es spricht. Bedanken Sie sich im Anschluss. Führen Sie dann zur zweiten Übung über.

> *Trainer A*: Vielen Dank für Ihr kleines Referat. Das war keine einfache Aufgabe, aus dem Stehgreif ein kurzes Referat zu halten. Lassen Sie uns nun zur zweiten Übung übergehen.

2. Übung

Die zweite Übung besteht darin, dass der Trainer einen Teilnehmer aus der Gruppe bittet, kurz etwas über den Tagesablauf der Familie zu erzählen.

Stunde 2 mit den Eltern

Diese Übung unterscheidet sich von der ersten in folgenden wesentlichen Punkten:
- Klarheit der Aufgabenstellung durch konkrete Themenvorgabe,
- Vermeidung von Überforderung durch ein vertrautes Thema,
- Konkretisierung des Adressaten der Aufgabenstellung durch Auswahl eines Elternteils,
- Unterstützung durch Hinführung des Trainers,
- keine Zeitvorgabe.

> *Trainer B*: Ich würde nun gerne Herrn X bitten, uns kurz den Tagesablauf an einem typischen Tag in Ihrer Familie vorzustellen. Sie könnten z.B. damit beginnen, wann Sie aufstehen, wann die Familienmitglieder aufstehen, wer mit Ihnen frühstückt oder Ähnliches. Ist die Aufgabe für Sie klar? Wenn Sie stecken bleiben oder Hilfe brauchen, können Sie auch unterbrechen.
>
> Sie können jetzt beginnen.

Unterstützen Sie den Teilnehmer, indem Sie aufmerksam zuhören, wohlwollend nicken und bei Fragen Unterstützung geben. Wenn der kurze Vortrag zu Ende ist, bedanken Sie sich für die Ausführungen.

3) Auswertung der Demonstrationsspiele

Im Anschluss werden die beiden Demonstrationsspiele analysiert. Ziel ist es, den Eltern über dieses Spiel die Erfahrung zu vermitteln, dass
- die Situation (vertraut vs. neu, öffentlich vs. privat etc.),
- die Aufgabenstellung (klar vs. unklar, überfordernd vs. angemessen etc.),
- die Reaktionen bzw. Konsequenzen (bekräftigend vs. bestrafend) sowie
- persönliche Eigenschaften (ängstlich vs. „mutig")

Einfluss auf die Bewältigung der Aufgabenstellung haben. Es soll dazu hingeführt werden, welche zielführenden Hilfen die Eltern ihren Kindern beim Erlernen sozialer Fertigkeiten geben können, um diesen Prozess zu unterstützen.

> *Trainer A*: Sie haben gut feststellen können, dass es zwei sehr unterschiedliche Aufgaben waren. Vermutlich haben Sie sich während der Übungen 1 und 2 auch sehr unterschiedlich gefühlt. Ich möchte mit Ihnen nun noch einmal beide Übungen anschauen, um mit Ihnen herauszufinden, was die Aufgaben so schwer gemacht bzw. was Ihnen geholfen hat oder geholfen hätte.

Teilen Sie das Flip-Chart-Blatt nach folgendem Schema in vier Felder:

F-E-2-2 (Sie können auch Folie F-E-2-2 auf den Overhead-Projektor legen und dort beschriften.)

II Manual zum „Gruppentraining sozialer Fertigkeiten"

Was hat mir geholfen oder hätte mir geholfen?	Wozu führt das?
Was hat mir nicht geholfen?	Wozu führt das?

Regen Sie die Eltern an, aus der aktuellen Spielsituation entstandene Hemmnisse bzw. Unterstützungen für die Bewältigung der gestellten Aufgaben zu sammeln. Dabei können auch bisherige Erfahrungen der Eltern mit schwierigen sozialen Situationen einfließen. Tragen Sie die Äußerungen der Eltern in die entsprechenden Spalten ein und erarbeiten Sie mit den Eltern, wozu dies führt. An diesem Punkt benötigen die Eltern meist viel Unterstützung, da sie zwar formulieren können, was sie möglicherweise in der ersten Übung abgehalten hat, sich der Aufgabe zu stellen, damit aber noch nicht ausdrücken können, welche Hilfe sie benötigt hätten. Es ist hilfreich, mit den Eltern aus jedem Hindernis eine potentielle Hilfe zu formulieren. Das unterstützt die Eltern auch in diesem so wichtigen Prozess weg von einer Defizit- und Negativformulierung hin zu einer Formulierung entsprechender *Hilfen* und Unterstützungsmöglichkeiten für ihr Kind.

> *Beispiel*
> *Mutter*: „Das war mir viel zu schnell, ich war ja völlig unvorbereitet."
> *Trainer*: „Sie haben sich überfordert gefühlt, weil Sie unvorbereitet waren. Was hätte Ihnen möglicherweise geholfen?"
> *Mutter*: „Na ja, wenn ich es vielleicht schon eine halbe Stunde vorher gewußt hätte und mich hätte vorbereiten können."
> *Trainer*: „Vorbereitung wäre also eine wichtige Hilfe gewesen, das können wir hier eintragen, Wozu führt denn die Möglichkeit, sich vorzubereiten?" ... „Ja genau, es führt zu Sicherheit."

Mit Hilfe der Trainer sollten Aussagen gesammelt werden, die die Analyse der Spielsituationen nach den Gesichtspunkten
- Situation,
- Aufgabenstellung,
- Reaktionen bzw. Konsequenzen und
- Persönliche Eigenschaften

ermöglichen. Leiten Sie die Eltern durch Fragen an, Aussagen zu allen zu analysierenden Gesichtspunkten zu finden. In der Folge finden Sie jeweils eine Formulierungsanregung:

Stunde 2 mit den Eltern

> Anregungen für die Trainer:
>
> - **Situation:**
>   *Trainer:* „Die Aufgabe, aus dem Stehgreif ein kurzes Referat zu halten, wäre vielen sehr schwer gefallen. Wäre das denn genauso gewesen, wenn hier nur Freunde und Bekannte sitzen würden?"
>
>   ...
>
>   *Trainer:* „Vermutlich nicht, d.h. je vertrauter oder bekannter uns eine Situation ist, umso leichter fällt es uns, eine soziale Aufgaben zu erfüllen."
>
> - **Aufgabenstellung:**
>   *Trainer:* „Wie wäre es denn gewesen, wenn ich sie nicht gebeten hätte, ein kurzes Referat zu halten, sondern ein Kochrezept vorzulesen?"
>
>   ...
>
>   *Trainer:* „Die Aufgabe wäre vermutlich für sie klarer gewesen, es wäre ihnen leichter gefallen."
>
> - **Reaktionen bzw. Konsequenzen:**
>   *Trainer:* „Wann würde ihnen eine solche Aufgabe in Zukunft wohl leichter fallen? Wenn alle anderen Teilnehmer nach ihren Ausführungen über sie gelacht hätten oder wenn sie sie für ihren Mut gelobt hätten?"
>
>   ...
>
>   *Trainer:* „Vermutlich würde es ihnen in Zukunft leichter fallen, wenn man sie gelobt hätte, d.h. wenn sie eine schöne Reaktion erhalten hätten."
>
> - **Persönliche Eigenschaften:**
>   *Trainer:* „Möglicherweise ist die Aufgabe nicht allen in gleichem Maße schwer oder leicht gefallen, d.h. dass Menschen auch sehr unterschiedlich sind. Welche Eigenschaften könnten eine solche Aufgabe wohl für bestimmte Menschen leichter machen?"

Nachdem Sie die Äußerungen der Eltern in das Schema eingetragen haben, strukturieren Sie die Aussagen, indem Sie Aussagen inhaltlich zusammenfassen und farblich kennzeichnen. Verwenden Sie dabei vier Farben, eine für Hilfen oder Hemmnisse, die in der **Situation** liegen, eine Farbe für Hilfen und Hemmnisse, die in der **Aufgabenstellung** liegen, eine Farbe für Hilfen und Hemmnisse, die in den **Reaktionen oder Konsequenzen** liegen sowie eine für solche, die in **persönlichen Eigenschaften** liegen. Fassen Sie im Anschluss zusammen.

4) Hausaufgabe und Abschluss

> *Trainer B:* Wir hatten Ihnen zu Beginn unserer heutigen Stunde zwei unterschiedliche soziale Aufgaben gestellt. Einmal sollte einer von Ihnen aus dem Stehgreif ein Referat seiner Wahl halten, die andere Aufgabe bestand darin, kurz den Tagesablauf des Kindes darzustellen.

> Im Anschluss haben wir uns Gedanken gemacht, was an den Aufgaben schwer gefallen ist und was eine Hilfe war oder hätte sein können. Wir wissen häufig, dass unseren Kindern etwas sehr schwer fällt. Manchmal haben wir sogar Ideen, warum es ihnen sehr schwer fällt. Viel wichtiger ist jedoch, dass wir Ideen entwickeln, wie wir unseren Kindern helfen können, bestimmte Verhaltensweisen zu lernen. Die beiden Übungen haben gezeigt, was in sozialen Situationen eine Hilfe sein kann bzw. was ein Hindernis ist.
>
> Ich möchte Sie gerne bitten, sich für die nächste Stunde noch einmal Ihre Zielsetzung, die Sie für das Kind formuliert haben, anzuschauen und sich bis zur nächsten Woche mögliche Hilfen zu überlegen. Führen Sie sich dabei unsere Spielsituationen und das, was Ihnen geholfen hat, vor Augen. In der nächsten Stunde sprechen wir über Ihre Hilfevorschläge für Ihr Kind und entwickeln zusammen vielleicht noch weitere Ideen.
>
> Sie haben die Möglichkeit, die Hilfen in Ihren Heftchen auf Seite 6 einzutragen.

Bedanken Sie sich bei den Eltern für die Mitarbeit und erinnern Sie an den nächsten Termin.

> *Trainer B*: Ich danke Ihnen für Ihre heutige Mitarbeit. Wir treffen uns am _____ zu unserer dritten Sitzung. Wir werden dann versuchen, für jeden Einzelnen konkrete Hilfen zu entwickeln.

Inhalte der vergangenen Stunden:

- Was sind „Soziale Fertigkeiten"?
- Wie entwickeln sich „Soziale Fertigkeiten"?
- Zielsetzungen für Veränderungen

F-E-2-1

Was hat mir geholfen oder hätte mir geholfen?	Wozu führt das?
Was hat mir nicht geholfen?	Wozu führt das?

F-E-2-2

Stunde 3 mit den Eltern

Inhalte und Zielsetzung der dritten Sitzung

Die Eltern sollen dazu angeleitet werden, für die in Block 1 konkretisierten Zielsetzungen zweckmäßige Hilfen zu definieren, um diesen Lernprozess zu unterstützen. Diese Hilfen führen dazu, dass das Kind sein Verhaltensrepertoire ausbaut und/oder Verhaltensweisen häufiger einsetzt.

Wesentliche lerntheoretische Möglichkeiten sind dabei:
- Dem Kind Vorbild zu sein (Modelllernen),
- Situationen herzustellen, in denen sozial angemessenes Verhalten eingeübt werden kann und
- erwünschtes Verhalten zu verstärken bzw. unerwünschtes Verhalten nicht zu verstärken (operante Konditionierung).

1) Wiederholung der Inhalte des ersten Treffens

Fassen Sie die Inhalte der letzten Stunde zusammen, indem Sie die Eltern auffordern, noch einmal das zu wiederholen, was Ihnen aus der letzten Stunde wichtig ist.

> *Trainer A*: Während unseres letzten Treffens haben wir zwei unterschiedlich schwere Aufgabenstellungen in den Mittelpunkt gestellt. Im Anschluss haben wir uns überlegt, was bei der Bewältigung der Aufgabenstellung schwierig war und was geholfen hat bzw. welche Hilfestellungen Sie benötigt hätten.
> Kann jemand von Ihnen noch einmal wichtige Hilfestellungen nennen?

2) Definition zweckmäßiger Hilfen und Konkretisieren der Hilfen für den Einzelfall

Nachdem Sie die wichtigen Punkte aus der letzen Sitzung mit den Eltern wiederholt haben, stellen Sie nun den Einzelfall in den Mittelpunkt. Bisher wurden übergreifend Informationen und allgemeine Hilfen bzw. Hemmnisse bei der Bewältigung sozialer Aufgabestellungen vermittelt. Aus diesen allgemeinen Hilfen sollen nun die Eltern mit Hilfe des Trainers die möglichen Hilfen für ihre persönliche Zielsetzung mit dem Kind entwickeln.

Am Ende soll jedes Elternteil mit konkreten Anregungen zu Veränderungen für die konkrete Zielsetzung aus der Gruppe gehen.

Fordern Sie ein Elternteil auf, noch einmal die in Sitzung 1 thematisierten problematischen Verhaltensweisen zu nennen. Im Anschluss soll jedes Elternteil der Gruppe die Hilfe(n) nennen, die es sich als Hausaufgabe überlegt hat. Im Anschluss erarbeiten Sie mit der Gruppe weitere Möglichkeiten der Veränderung. Beziehen Sie die Gruppe intensiv mit ein, machen Sie an diesem Punkt nicht zu viele Vorgaben als Trainer.

Wichtig:
- Alle Eltern können Vorschläge machen. Der aktuell im Mittelpunkt stehende Elternteil muss aber eine Entscheidung treffen, ob die vorgeschlagenen Strategien auch realisierbar sind oder nicht.

- An dieser Stelle ist das Zeitmanagement ganz besonders wichtig. Manche Eltern fordern für sich sehr viel Zeit. Der Trainer muss darauf achten, dass alle Elternteile etwa gleich viel Zeit eingeräumt bekommen.
- Einige Eltern lehnen alle potentiellen Veränderungsstrategien mit dem Hinweis ab, dass sie alles schon probiert hätten. Unterstützen Sie die Eltern dabei, trotzdem noch einen Versuch zu starten, auch wenn sie genau diese Strategie schon versucht haben.
- Beginnen Sie mit einem Elternteil, dem es aus der Erfahrung der letzten beiden Stunden leichter fällt, sich in der Gruppe mitzuteilen.

> *Trainer B*: Nachdem wir in der vergangenen Sitzung versucht haben, ganz allgemein Hilfen und Unterstützungen bei sozialen Aufgaben zu finden, wollen wir heute für jeden von Ihnen Unterstützungsmöglichkeiten suchen.
>
> Herr X., können Sie uns noch einmal Ihre Zielsetzung nennen, die Sie für Ihr Kind bei unserem ersten Treffen festgelegt haben?
>
> Was könnte Ihrem Kind dabei helfen, dieses Ziel zu erreichen? Haben Sie sich zu Hause etwas überlegt?
>
> Ich möchte alle einladen, mögliche Ideen zu entwickeln, wie Herr X sein Kind unterstützen könnte. Denken Sie dabei an unsere beiden Übungen. Denken Sie daran, was die erste Übung so schwer gemacht hat und was in der zweiten Übung eine Hilfe war oder hätte sein können.

Sammeln Sie nun verschiedene Vorschläge aus den Reihen der Teilnehmer und halten Sie diese auf dem Flip-Chart fest. Zunächst werden alle Vorschläge ohne Wertung gesammelt. Im Anschluss muss der Elternteil, der aktuell im Mittelpunkt steht, die für die Familie realisierbare(n) Unterstützungsmöglichkeit(en) aussuchen und mit Hilfe des Therapeuten die Umsetzung konkretisieren.

Aufgabe des Therapeuten ist es jetzt, die ausgewählten Möglichkeiten in konkretes therapeutisches Handeln überzuführen. Dabei werden die im Anhang des Elternheftchens angeführten Materialien eingesetzt.

Lassen Sie die Eltern die Hilfemöglichkeiten in ihr Arbeitsheftchen auf Seite 7 eintragen.

Für alle Eltern gilt, dass zunächst zu Hause mit dem Kind eine gemeinsame Zielsetzung in Form eines Vertrages (Elternhandbuch, Seite 9) vereinbart wird. Hier ist besonders darauf zu achten, dass

- die Eltern das Zielverhalten positiv formulieren.
- es sich um für das Kind realisierbares Verhalten handelt.
- bewertet werden kann, ob das Verhalten erfolgreich ausgeführt wird oder nicht.

Je nach in der Gruppe erarbeiteter Lösung gilt es, den Eltern Möglichkeiten an die Hand zu geben, das Verhalten zu unterstützen.

- Wenn es sich um problematische Verhaltensweisen handelt, die regelmäßig wiederkehren (z.B. nicht trauen, sich im Unterricht zu melden), kann ein Verstärkerplan eingesetzt werden (Elternhandbuch Seite 11 und 13). Hier können für das Erreichen eines bestimmten Zielverhaltens über die Belohnungsliste (Seite 15) soziale Verstärker festgelegt werden (operantes Lernen). Die Verhaltensweisen, die belohnt werden, müssen so genau beschrieben werden, dass deutlich ist, wann ein solches Verhalten belohnt werden kann und wann nicht. Führen Sie die Eltern in den Verstärkerplan ein, legen Sie mit den Eltern das zu verstärkende Verhalten fest.

- Zum Aufbau sozialer Kontakte und von Außenaktivitäten kann die Integration in einen Verein (Sportverein, Pfadfinder etc.) hilfreich sein. Möglicherweise können die Eltern auch ganz konkret Besuchstage bei Schulkameraden oder Einladungen nach Hause vorbereiten (Elternhandbuch Seite 17).

- Für Situationen, die für das Kind ängstigend sind und deshalb vermieden werden (z.B. selbständig einkaufen gehen), können zu Hause konkrete Strategien überlegt und geübt werden (Elternhandbuch Seite 18). Auch diese Strategie kann mit einem Verstärkerplan gekoppelt werden, d.h. für die Situation werden zunächst Handlungsmöglichkeiten entwickelt. Bei erfolgreicher Bewältigung der Situation kann dies verstärkt werden.

3) Abschluss

Zum Abschluss der Gruppe ist es wichtig, darauf hinzuweisen, dass die erarbeiteten Strategien zur Unterstützung der Eltern zunächst kleine, aber sehr wichtige Schritte darstellen, um die Kinder in der Entwicklung Sozialer Kompetenzen zu unterstützen. Die Eltern erhalten die Möglichkeit, nun Erfahrungen zu sammeln und diese in einem Einzelkontakt noch einmal mit den Trainern zu besprechen. Es kann wichtig sein, bereits zu diesem Zeitpunkt einen festen Termin für das Einzelgespräch zu vereinbaren. Dies stellt eine gewisse Verbindlichkeit für die Eltern dar. Sie können natürlich auch eine telefonische Kontaktaufnahme anbieten, lassen Sie die Eltern aber zumindest ihre Telefonnummer in das Elternarbeitsbuch notieren.

Fassen Sie den kompletten Ablauf noch einmal zusammen, vereinbaren Sie einen Termin mit den Eltern und bedanken Sie sich bei den Eltern für ihre Mitarbeit.

> *Trainer A*: Wir haben in der Gruppe zunächst versucht, Ihnen einen Überblick über die Entwicklung sozialer Fertigkeiten zu geben. In zwei unterschiedlichen Übungen konnten wir kennen lernen, wie sich unterschiedliche Aufgabenstellungen und unterschiedliche Situationen auf das Gelingen sozialer Aufgaben auswirken. Wir hatten dann herausgearbeitet, was bei der Bewältigung einer sozialen Aufgabe hilft. Zuletzt haben wir für jedes Kind konkrete Hilfen für zu Hause entwickelt. Setzen Sie nun diese Hilfen zu Hause konsequent um. Es sind zunächst kleine Schritte, vielleicht sind Sie auch enttäuscht, wenn es nicht gleich gelingt. Lassen Sie sich aber nicht entmutigen, manchmal muss man Hilfen über eine längere Zeit anbieten, damit ein Kind sie annehmen kann. Wenn Sie die

> Strategien, die wir für jeden erarbeitet haben, als hilfreich empfinden, können Sie sie vielleicht auf andere Situationen ausdehnen.
>
> Wir möchten Ihnen die Möglichkeit bieten, uns in zwei bis drei Wochen in einem Einzelgespräch Ihre Erfahrungen mitzuteilen oder auch Fragen zu stellen. Dazu werden wir jetzt Termine vereinbaren. Bitte tragen Sie sich diese Termine in Ihr Heftchen auf Seite 7 ein. Unsere Telefonnummer ist ─────────
>
> Ich möchte unsere gemeinsame Gruppe hier beenden. Ich danke Ihnen für die Bereitschaft, durch Ihre Mitarbeit Ihr Kind zu unterstützen.
>
> Falls noch wichtige Fragen bestehen, können Sie diese gerne noch stellen. Ansonsten sehen wir uns noch einmal zum vereinbarten Termin.

Einzeltermin mit den Eltern

Es hat sich gezeigt, dass therapeutische Maßnahmen für die Eltern in Gruppen effektiver sind, wenn die Eltern die Möglichkeit bekommen, ihre spezielle Problematik in den Mittelpunkt zu stellen. Dies ist in den bisherigen Stunden nur bedingt möglich gewesen. Deshalb sollten die Eltern im Anschluss an die Gruppenintervention die Möglichkeit eines Einzeltermins erhalten.

Dieser Termin sollte genutzt werden, um
- Fragen, die in der Gruppe nicht angesprochen werden konnten, zu stellen,
- mögliche Veränderungen zu überprüfen,
- mögliche Modifikationen in der Unterstützung der Kinder zu besprechen,
- eine Entscheidung über einen weiteren Interventionsbedarf zu treffen.

Dies kann bedeuten, dass im Sinne eines Einzelelterntrainings verhaltenstherapeutisch orientierte Strategien mit den Eltern intensiver und spezieller auf die Familie zugeschnitten durchgeführt werden. Dies kann aber auch bedeuten, dass auf Grund einer bisher nicht berücksichtigten Problematik ein weiterer Beratungs- oder Behandlungsbedarf für die Eltern vorliegt.

ELTERNHANDBUCH

Training sozialer Fertigkeiten

Elternhandbuch

Liebe Eltern,

Sie haben Ihr Kind zu einer Trainingsgruppe „sozialer Fertigkeiten" angemeldet. Zielsetzung dieser Gruppe, die wir für Ihre Kinder anbieten, ist es, dass Ihr Kind zusammen mit anderen Kinder unter Anleitung Möglichkeiten kennen lernt, wie es mit anderen Kindern oder auch Erwachsenen besser zurechtkommen kann. Dazu gehören bestimmte Fertigkeiten wie z.B. Freundschaften schließen und Wünsche, Bedürfnisse und Gefühle anderer zu berücksichtigen. Genauso ist es aber wichtig, eigene Wünsche und Bedürfnisse auszudrücken, auch mal „nein" zu sagen und sich etwas zuzutrauen. Ein weiterer wichtiger Punkt ist, neue Möglichkeiten auszuprobieren, wie die Kinder in schwierigen Situationen (z.B. Streitigkeiten) reagieren können.

Alle diese Fertigkeiten nennt man **„soziale Fertigkeiten"**, deshalb heißt die Gruppe auch **„Trainingsgruppe sozialer Fertigkeiten"**.

Das Erlernen sozialer Fertigkeiten ist eine sehr wichtige Aufgabe in der Entwicklung Ihres Kindes. Soziale Fertigkeiten helfen Ihrem Kind, neue Aufgaben im Leben zu bewältigen und im Zusammenleben mit anderen Menschen angemessen zu reagieren.

In diesem Lernprozess können Sie Ihr Kind wesentlich unterstützen. Wir laden Sie deshalb ein, beim heutigen und bei den nächsten beiden Treffen einige Möglichkeiten kennen zu lernen, mit denen Sie Ihrem Kind im Alltag helfen können, Soziale Kompetenzen zu entwickeln. Die wichtigsten Schritte sind in diesem Heftchen zusammengestellt. Für Ihre Mitarbeit möchten wir uns herzlich bedanken.

Tragen Sie hier die nächsten Termine ein:

1. _____

2. _____

Elternhandbuch

```
        Tragen Sie hier die Termine für Ihr Kind ein:

   1.  _____

   2.  _____

   3.  _____

   4.  _____

   5.  _____

   6.  _____

   7.  _____

   8.  _____

   9.  _____

  10.  _____
```

Erwartungen und Wünsche an die Gruppe

Für unsere Arbeit in der Gruppe kann es zunächst wichtig sein, welche Wünsche und Erwartungen Sie an die Gruppe haben. Machen Sie sich deshalb kurz Gedanken, was Sie sich von der Gruppe wünschen. Tragen Sie Ihre Erwartungen in das Feld ein und besprechen Sie dies mit der gesamten Gruppe.

```
            Was ich von der Gruppe erwarte:

   _____

   _____

   _____
```

Was ist „Soziale Kompetenz"?

Kinder reagieren in sozialen Situationen sehr unterschiedlich. Manche Kinder trauen sich nicht, jemanden anzusprechen, sobald fremde Personen dabei sind, sie reagieren schüchtern oder ängstlich und vermeiden vielleicht soziale Situationen. Andere Kinder reagieren eher aggressiv, wollen ihre eigenen Bedürfnisse immer in den Mittelpunkt stellen und geraten deshalb in Konflikte. Voraussetzung für ein sozial angemessenes Verhalten sind Fertigkeiten, von denen Sie einige hier aufgeführt finden. Gehen Sie bitte diese Liste durch und kreuzen Sie an, wo Sie bei Ihrem Kind Stärken und wo Sie vielleicht Schwächen sehen.

	Stärken	Schwächen
• „Nein" sagen können	☐	☐
• Auf Kritik nicht aggressiv reagieren	☐	☐
• Jemanden zum Spiel auffordern können	☐	☐
• Jemanden kritisieren, ohne ihn zu verletzen	☐	☐
• Um etwas bitten können	☐	☐
• Gespräche beginnen können	☐	☐
• Eigene Wünsche äußern können	☐	☐
• Selbst Entscheidungen treffen	☐	☐
• Fremde Situationen aushalten	☐	☐
• Situationen mit vielen Menschen nicht vermeiden	☐	☐
• Sich vor der Gruppe etwas sagen trauen (z.B. in der Klasse)	☐	☐
• Auseinandersetzungen lösen, ohne zu schlagen	☐	☐
•	☐	☐
•	☐	☐

Bedeutende Faktoren bei der Entwicklung sozialer Fertigkeiten

Wie für alle Verhaltensweisen gibt es auch für die Entwicklung sozialer Fertigkeiten eine ganze Reihe möglicher Faktoren, die eine Rolle spielen.

Eine Reihe von Kindern kommt bereits mit einer Ausstattung auf die Welt, die die Weichen für bestimmte Verhaltensweisen stellt. Dies kann bedeuten, dass einige Kinder grundsätzlich ängstlich und zurückhaltend, andere aufgeschlossener und geselliger sind. Dies kann aber auch bedeuten, dass einige Kinder dazu neigen, eher impulsiv, unüberlegt zu handeln. Solche Kinder haben oft das Gefühl, dass sich alles gegen sie richtet, sie immer schuld sind und falsch behandelt werden. Diese Verhaltensweisen sind **genetische Ausstattungen** oder Ausdruck eines bestimmten **Temperaments.**

Natürlich spielen auch **Erfahrungen** im **Kindergarten,** in der **Schule** und in der **Freizeit** eine wichtige Rolle. Kinder schauen sich soziale Verhaltensweisen bei anderen Kindern und auch bei Erwachsenen ab und verhalten sich dann in ähnlicher Weise. Sie trauen sich z.B. dann mehr, wenn sie für ihr Verhalten gelobt werden, sie entwickeln möglicherweise eher Ängste, wenn sie vor der Gruppe Gleichaltriger bloßgestellt wurden. Selbstunsichere und auch aggressive Kinder werden häufiger von Gleichaltrigen abgelehnt. Diese Erfahrung führt eventuell dazu, dass Kinder noch mehr sozial unangemessenes Verhalten zeigen.

Eine sehr wichtige Rolle bei der Entwicklung Sozialer Kompetenzen spielt die **Lernerfahrung der Kinder in der Familie.** Zum einen orientieren sich die Kinder am Verhalten ihrer Eltern. Erleben Kinder ihre Eltern als selbstsicher und gesellig, so hilft es ihnen, auch offener auf andere zuzugehen.

Weiter lernen Kinder soziale Fertigkeiten dadurch, wie Eltern auf bestimmtes Verhalten reagieren. Sie lernen aus den Erfahrungen, die sie mit einem Verhalten machen, Kinder lernen aus den Konsequenzen. Je nachdem, ob diese Erfahrungen positiv oder negativ sind, werden die Kinder das Verhalten häufiger oder eben seltener zeigen.

Ziel für Verhaltensveränderungen beim Kind

Sie haben nun Faktoren kennen gelernt, die bei der Entwicklung sozial kompetenten Verhaltens von Bedeutung sind. Zuvor hatten Sie eine Liste möglicher sozialer Verhaltensweisen kennen gelernt, Sie hatten sich Gedanken gemacht, welches Verhalten bei Ihrem Kind gut ausgeprägt ist und wo Ihr Kind möglicherweise Schwächen zeigt. Für die Unterstützung Ihres Kindes ist es jetzt wichtig, sich ein oder zwei Verhaltensweisen auszusuchen, die Sie bei Ihrem Kind in der nächsten Zeit fördern möchten. Möglichkeiten der Förderung sollen in der nächsten Stunde ganz im Mittelpunkt stehen. Ich bitte Sie deshalb, sich kurz Zeit zu nehmen und maximal drei Verhaltensweisen einzutragen, die Ihnen wichtig sind. Wir werden im Anschluss über Ihre Ziele sprechen.

Wie kann ich mein Kind unterstützen?

Sie haben in der Gruppe zwei unterschiedliche Spielsituationen kennen gelernt. Vermutlich haben Sie sich während der Übungen 1 und 2 auch sehr unterschiedlich gefühlt. Gehen Sie nun noch einmal in der Gruppe beide Übungen durch, um mit herauszufinden, was die Aufgaben so schwer gemacht hat bzw. was Ihnen geholfen hat oder geholfen hätte. Tragen Sie die Hilfen und Hemmnisse und wozu sie geführt haben in das untere Schema ein.

Was hat mir geholfen oder hätte mir geholfen?	Wozu führt das?

Elternhandbuch

Was hat mir nicht geholfen?	Wozu führt das?

Hausaufgabe für die dritte Sitzung: Konkrete Hilfen für mein Kind

Sie haben beim ersten Treffen Ziele für Veränderungen bei Ihrem Kind aufgeschrieben.

Überlegen Sie sich, was Ihrem Kind dabei helfen könnte, diese Ziele zu erreichen. Denken Sie dabei daran, was Ihnen bei den Übungen geholfen hat oder geholfen hätte.

Hilfen für mein Kind:

▶ _____

▶ _____

▶ _____

▶ _____

Wie ich mein Kind unterstützen werde:

Folgende Möglichkeiten setze ich um:

▶ _____

▶ _____

▶ _____

▶ _____

Mein Termin zur Besprechung mit dem Therapeuten:

_____

Telefonnummer des Therapeuten:

_____

Vertrag

zwischen

_____
(Kind)

und

_____
(Mutter/Vater)

Wir wollen gemeinsam folgendes Ziel erreichen:

_____
_____
_____

_____   _____
(Kind)   (Mutter/Vater)

Belohnungsplan für _____

Für folgendes Verhalten gibt es einen Pokal: ....

Elternhandbuch

Aufkleber für den Belohnungsplan

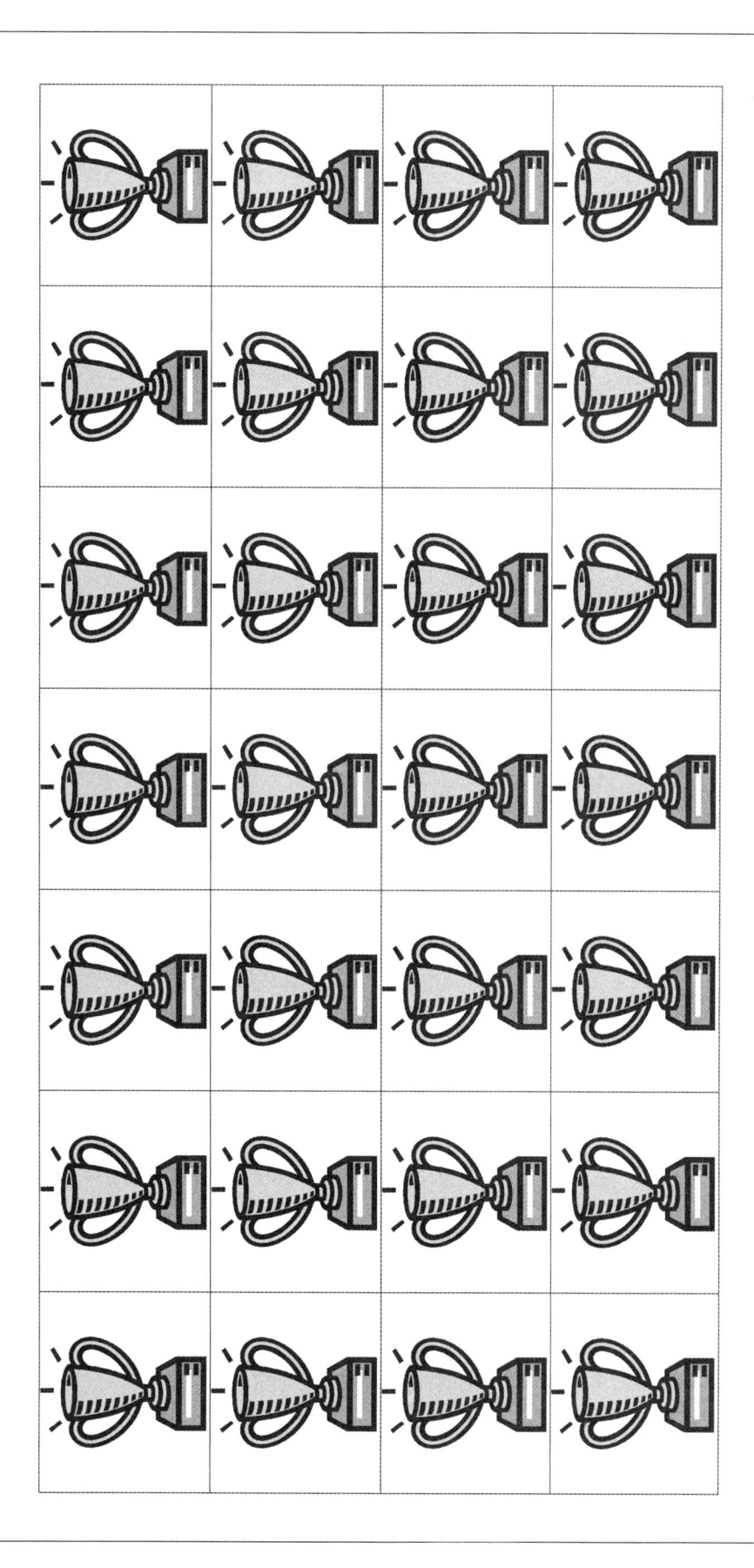

Elternhandbuch

Verstärkerliste

Folgende Aktivitäten wünsche ich mir als Belohnung, wenn ich eine bestimmte Anzahl an Punkten erreicht habe:

- Schwimmen gehen ( )
- Ins Kino gehen ( )
- Eis essen gehen ( )
- Tierpark ( )
- Drachen steigen lassen ( )
- Mit Mama/Papa Fahrrad fahren ( )
- Einen Einkaufsbummel machen ( )
- Bei einem Freund übernachten ( )
- .... ( )
- .... ( )
- .... ( )
- .... ( )

(Ergänzen Sie die Liste zunächst mit Ihrem Kind, indem Sie zusammen weitere Möglichkeiten zusammentragen.
Im Anschluss können Sie die Verstärker in eine Rangreihe bringen, indem Sie mit Ihrem Kind zusammen „Platzierungen" in die Klammern eintragen. So können Sie die attraktivsten Verstärker sammeln.)

Elternhandbuch

Aufbau sozialer Aktivitäten

Ich werde folgende Möglichkeiten umsetzen, die sozialen Kontakte und Aktivitäten meines Kindes zu fördern:

Außerhalb der häuslichen Umgebung (z.B. Sportverein, Pfadfinder, Jugendgruppen etc.)

_____

_____

Zu Hause (Freunde einladen etc.)

_____

_____

Elternhandbuch

Kampf gegen schwierige Situationen

Folgende Situation fällt mir besonders schwer:

Was kann ich in der Situation tun?

III Literatur

Literatur

Akhtar, N. & Bradley, E.J. (1991). Social information processing deficits of aggressive children: Preset findings and implications for social skills training. *Clinical Psychology Review, 11,* 621-644.

American Academy of Child and Adolescent Psychiatry (1997). Practice Parameters for the assessment and treatment of children, adolescents, and adults with attention-deficit/hyperactivity disorder. *Journal of the American Academy of Child and Adolescent Psychiatry* [Supplement], 36, 85-121.

Asarnow, J.R. (1988). Peer status and social competence in child psychiatric inpatients: A comparison of children with depressive, externalizing and concurrent depressive and externalizing disorders. *Journal of Abnormal Child Psychology, 16,* 151-162.

Asendorpf, J. (1999). *Psychologie der Persönlichkeit.* Berlin: Springer.

Bandura, A. (1977). Self-efficacy. Toward a unifying theory of behavioral change. *Psychological Review, 84,* 191-215.

Baving, L. & Schmidt, M.H. (2001). Evaluierte Behandlungsansätze in der Kinder- und Jugendpsychiatrie I. *Zeitschrift für Kinder- und Jugendpsychiatrie und Psychotherapie, 29* (3), 189-205.

Beelmann, A., Pfingsten, U. & Lösel, F. (1994). Effects of training social competence in children: A meta-analysis of recent evaluation studies. *Journal of Clinical Child Psychology, 23* (3), 260-271.

Beidel, D.C., Turner, S.M. & Morris, T.L. (1999). Psychopathology of childhood social phobia. *Journal of the American Academy of Child and Adolescent Psychiatry, 38* (6), 643-655.

Beidel, D.C., Turner, S.M. & Morris, T.L. (2000). Behavioral treatment of childhood social phobia. *Journal of Consulting and Clinical Psychology, 68* (6), 1072-1080.

Bienert, H. & Schneider, B.H. (1995). Deficit-specific social skills training with peer-nominated aggressive-disruptive and sensitive-isolated preadolescents. *Journal of Clinical Child Psychology, 24* (3), 287-299.

Blonk, R., Prins, P. & Sergant, J. (1996). Cognitive-behavioral group therapy for socially incompetent children: Short-term and maintenance effects with a clinical sample. *Journal of Clinical Child Psychology, 25* (2), 215-224.

Borg-Laufs, M. (2001). Training des Sozialverhaltens. In M. Borg-Laufs (Hrsg.), *Lehrbuch der Verhaltenstherapie mit Kindern und Jugendlichen. Band 2: Interventionsmethoden* (S. 505-527). Tübingen: dgvt-Verlag.

Buhrmester, D., Furman, W., Wittenberg, M. & Reis, H. (1988). Five domains of interpersonal competence in peer relationships. *Journal of Personality and Social Psychology, 55,* 991–1008.

Crick, N.R. & Dodge, K.A. (1994). A review and reformulation of social information processing mechanism in children's social adjustment. *Psychological Bulletin, 115,* 74-101.

Dodge, K.A., Pettit, G.S., McClaskey, C.L. & Brown, M. (1986). *Social competence in children* (Monographs of the Society for Research in Child Development, 51, Serial No. 213).

Dodge, K.E., Prince, J.M., Bachorowski, J.-A. & Newman, J. (1990). Hostile attributional biasis in several aggressive adolescents. *Journal of Abnormal Psychology, 99* (4), 385-392.

III Literatur

Döpfner, M., Rey, E.-R. & Schlüter, S. (1981). Evaluation eines sozialen Kompetenztrainings für selbstunsichere Kinder im Alter von neun bis zwölf Jahren – Ein Therapievergleich. *Zeitschrift für Kinder- und Jugendpsychologie, 9,* 233-252.

Döpfner, M., Schmeck, K. & Berner, W. (1994a). *Handbuch: Jugendlichenfragebogen über das Verhalten von Kinder und Jugendlichen.* Forschungsergebnisse der deutschen Fassung der Youth Self-Report Form (YSR). Köln: Arbeitsgruppe Kinder-, Jugend- und Familiendiagnostik.

Döpfner, M., Schmeck, K. & Berner, W. (1994b). *Handbuch: Lehrerfragebogen über das Verhalten von Kinder und Jugendlichen.* Forschungsergebnisse der deutschen Fassung der Teacher's Report Form (TRF) der Child Behavior Checklist. Köln: Arbeitsgruppe Kinder-, Jugend- und Familiendiagnostik.

Döpfner, M., Schmeck, K. & Berner, W. (1994c). *Handbuch: Elternfragebogen über das Verhalten von Kinder und Jugendlichen.* Forschungsergebnisse der deutschen Fassung der Child Behavior Checklist (CBCL). Köln: Arbeitsgruppe Kinder-, Jugend- und Familiendiagnostik.

Elliot, S.N. & Gresham, F.M. (1993). Social skills interventions for children. *Behavior Modification, 17* (3), 287-313.

Essau, A.C., Conradt, J. & Petermann, F. (1998). Häufigkeit und Komorbidität sozialer Ängste und sozialer Phobie bei Jugendlichen. *Fortschritte der Neurologie und Psychiatrie, 66,* 524-530.

Esser, G., Blanz, B., Geisel, B. & Laucht, M. (1989). Mannheimer Elterninterview (MEI). Göttingen: Hogrefe.

Gasteiger-Klicpera, B. & Klicpera, C. (1999). Soziale Kompetenz bei Kindern mit sozialen Anpassungsschwierigkeiten. *Zeitschrift für Kinder- und Jugendpsychiatrie und Psychotherapie, 27* (2), 93-102.

Goodman, R. (1999). The extended version of the Strengths and Difficulties Questionnaire as a guide to child psychiatric caseness and consequent burden. *Journal of Child Psychology and Psychiatry, 40,* 791-801.

Gresham, F.M. & Elliot, S.N. (1990). *Social skills rating system.* Circle Pines, MN: American Guidance Service.

Grinsburg, G.S., La Greeca, A.M. & Silverman, W.K. (1998). Social anxiety in children with anxiety disorders: Relation with social and emotional functioning. *Journal of Abnormal Child Psychology, 26* (3), 175-185.

Guevremont, D. & Dumas, C. (1994). Peer relationship problems and disruptive behaviour disorders. *Journal of Emotional and Behavioural Disorders, 2,* 164-172.

Harrington, R.C. (2001). *Kognitive Verhaltenstherapie bei depressiven Kindern und Jugendlichen* (Aus dem Englischen übersetzt, überarbeitet und ergänzt von Thomas Jans, Andreas Warnke und Helmut Remschmidt). Göttingen: Hogrefe.

Hartrup, W.W. (1992). Peer relations in early and middle childhood. In V.B. Van Hasselt & M. Hersen (Eds.), *Handbook of social development: A lifespan perspective* (pp. 257-281). New York: Plenum.

Hinsch, R. & Pfingsten, U. (2002). *Gruppentraining sozialer Kompetenzen* (4., neubearb. Aufl.). Weinheim: PVU.

Ison, M.S. (2001). Training in social skills: An alternative technique for handling disruptive child behavior. *Psychology Report, 88* (3), 903-911.

Joerger, K. (1981). *Gruppetest für soziale Einstellungen (SET).* Hogrefe: Göttingen.

John, K. (2001). Measuring children's social functioning. *Child Psychology and Psychiatry Review, 6,* 181-188.

Joormann, J. & Unnewehr, S. (2002). *Behandlung der sozialen Phobie bei Kindern und Jugendlichen: Ein kognitiv-verhaltenstherapeutisches Gruppenprogramm.* Göttingen: Hogrefe.

Kavale, K.A. & Forness, S.R. (1996). Social skill deficits and learning disabilities: A meta analysis. *Journal of Learning Disabilities, 29* (3), 226-238.

Klemenz, B. (2003). *Ressourcenorientierte Diagnostik und Intervention bei Kindern und Jugendlichen.* Tübingen: dgvt-Verlag.

Kovacs, M. & Mukerji, P. (1997). Relationsship of depressive, conduct and comorbid disorders and social functioning in childhood. *Journal of the American Academy of Child and Adolescent Psychiatry, 36* (7), 998-1004.

Landau, S. & Milich, R. (1988). Social communication patterns of attention-deficit-disordered boys. *Journal of Abnormal Child Psychology, 16* (1), 69-81.

Lewinsohn, P. (1974). A behavioral approach to depression. In R.J. Freidman & M.M. Katz (Eds.), *The psychology of depression. Contemporary theory and research.* Oxford: John Wiley & Sons.

Linderkamp, F. (2001). Rollenspiel. In G. Lauth, U. Brack & F. Linderkamp (Hrsg.), *Verhaltenstherapie mit Kindern und Jugendlichen: Praxishandbuch* (S. 533-541). Weinheim: Beltz PVU.

Lübben, K. & Pfingsten, U. (1995). Soziales Kompetenztraining als Intervention für sozial unsichere Kinder. In J. Margraf & K. Rudolf (Hrsg.), *Training sozialer Kompetenz* (S. 127-153). Hohengeren: Schneider.

Magee Quinn, M., Kavale, K.E., Mathur, S.R., Rutherford, R.B. & Forness, S.R. (1999). A meta-analysis of social skill interventions for students with emotional or behavioural disorders. *Journal of Emotional & Behavioral Disorders, 7* (1), 54-64.

Mannuzza, S. & Klein, R. (2000). Long-term prognosis in attention-deficit/hyperactivity disorder. *Child and Adolescent Psychiatric Clinics of North America, 9* (3), 711-726.

Maur-Lambert, S., Landgraf, A. & Oehler, K.U. (2003). *Gruppentraining für ängstliche und sozial unsichere Kinder und ihre Eltern.* Dortmund: Borgmann.

Mayr, T. (1992). Zur Stabilität schüchtern-ängstlich-gehemmten Verhaltens bei Kindergartenkindern. *Zeitschrift für Kinder- und Jugendpsychiatrie, 20,* 100-112.

Melfsen, S., Florin, I. & Warnke, A. (2001). *SPAIK: Sozialphobie und -angstinventar für Kinder.* Göttingen: Hogrefe.

Nangle, D.W., Erdley, C.A., Carpenter, E.M. & Newman, J.E. (2002). Social skills training as a treatment for aggressive children and adolescents: A development-clinical integration. *Aggression and Violent Behavior, 22,* 169-199.

Nixon, E. (2001). The social competence of children with attention deficit hyperactivity disorder: A review of the literature. *Child Psychology and Psychiatry Review, 6,* 178-180.

Oerter, R. & Montada, L. (1998). *Entwicklungspsychologie* (4. Aufl.). Weinheim: Beltz PVU.

Olson, S.L. & Rosenblum, K. (1998). Preschool antecedents of internalizing Problems in children beginning school. The role of social mal-adaptation. *Early Education and Development, 9,* 117-129.

Parker, J.G., Rubin, K.H., Prince, J.M. & DeRosier, M.E. (1995). Peer relationship, child development, and adjustment: A developmental psychopathology perspective. In D.V. Cicchetti & D.J. Cohen (Eds.), *Developmental psychopathology. Vol. 2. Risk, disorder and adaptation.* New York: Wiley.

Petermann, P. & Petermann, U. (2000a). *Training mit aggressiven Kindern* (9., überarb. Aufl.). Weinheim: Beltz PVU.

Petermann, P. & Petermann, U. (2000b). *Training mit sozial unsicheren Kindern* (7., völlig veränderte Aufl.). Weinheim: Beltz PVU.

Petermann, P. & Petermann, U. (2000c). *Training mit Jugendlichen* (6., veränderte Aufl.). Göttingen: Hogrefe.

Petillon, H. (1984). *Sozialfragebogen für Schüler der 4. bis 6. Klassen* (SFS 4-6). Göttingen: Hogrefe.

Pfiffner, L. & Burnett, K. (1997). Social skills training with parent generalization: Treatment effects for children with attention deficit disorder. *Journal of Consulting and Clinical Psychology, 65* (5), 749-757.

Podeswik, A., Ehlert, U., Altherr, P. & Hellhammer, D. (1995). Verhaltenstherapie bei Kindern und Jugendlichen: Eine versorgungsepidemiologische Untersuchung. *Zeitschrift für Kinder- und Jugendpsychiatrie, 21,* 149-160.

Remschmidt, H., Schmidt, M. & Poustka, F. (2001). *Multiaxiales Klassifikationsschema für psychische Störungen des Kindes- und Jugendalters nach ICD 10 der WHO* (4., vollst. überarb. u. erw. Aufl.). Bern: Huber.

Rubin, K.H., LeMare, L.J. & Lollis, S. (1990). Social withdrawal in childhood: Developmental pathway to peer rejection. In St. R. Asher & J.D. Coie (Eds.), *Peer rejektion in childhood* (pp. 217-249). Cambridge, MA: Cambridge University Press.

Schwartz, C.E., Snidman, N. & Kagan, J. (1999). Adolescent social anxiety as an outcome of inhibited temperament in childhood. *Journal of the American Academy of Child and Adolescent Psychiatry, 38* (8), 1008-1115.

Segrin, C. (2000). Social skills deficits associated with depression. *Clinical Psychology Review, 20* (3), 379-403.

Spence, S.H., Donovan, C. & Brechman-Toussaint, M. (1999). Social skills, social outcomes, and cognitive features of childhood social phobia. *Journal of Abnormal Psychology, 108* (2), 211-221.

Spence, S.H., Donovan, C. & Brechman-Toussaint, M. (2000). The treatment of childhood social phobia: The effectiveness of a social skills training-bases, cognitive-behavioural intervention, with and without parental involvement. *Journal of Child Psychology and Psychiatry, 41* (6), 713-726.

Taylor, T.K., Eddy, J.M. & Biglan, A. (1999). Interpersonal skills training to reduce aggressive and delinquent behaviour: Limited evidence and the need for an evidence-based system of care. *Clinical Child & Family Psychology Review, 2* (3), 169-182.

Unnewehr, S., Schneider, S. & Margraf, J. (1998). *Kinder-DIPS: Diagnostisches Interview bei psychischen Störungen im Kindes- und Jugendalter.* Berlin: Springer.

Warnke, A., Beck, N. & Wewetzer, C. (1998). Störungsspezifische Psychotherapie in der Kinder- und Jugendpsychiatrie. *Zeitschrift für Kinder und Jugendpsychiatrie und Psychotherapie, 26,* 197-210.

Webster-Stratton, C. & Lindsay, D.W. (1999). Social competence and conduct problems in young children: Issues in assessment. *Journal of Child Clinical Psychology, 28,* 25-93.

Webster-Stratton, C., Reid, J. & Hammond, M. (2001). Social skills and problem-solving training for children with early-onset conduct problems: Who benefits? *Journal of Child Psychology and Psychiatry, 42* (7), 943-952.

Weiss, M.J. & Harris, S.L. (2001). Teaching social skills to people with autism. *Behavior Modification, 25* (5), 785-802.

Weisz, J.R., Weiss, B., Han, S.S., Granger, D.A. & Morton, T. (1995). Effects of psychotherapy with children and adolescents revisited: A meta-analysis of treatment outcome studies. *Psychological Bulletin, 117* (3), 450-468.

Wieczerkowski, W., Nickel, H., Janiwski, A., Fittkau, B. & Rauer, W. (1998). *Angstfragebogen für Schüler.* Göttingen: Hogrefe.

Verhaltenstherapie mit Kindern & Jugendlichen

1. Jahrgang, Ausgabe 1+2/2005 — Zeitschrift für die psychosoziale Praxis

ORIGINALIA
Kinder- und Jugendlichenverhaltenstherapie –
aktueller Stand und Perspektiven
Michael Borg-Laufs

AUS DER PRAXIS – FÜR DIE PRAXIS
Visualisierung in der kognitiv-verhaltensthera-
peutischen Arbeit mit Kinder und Jugendlichen:
Eine Materialsammlung für die tägliche Praxis
Claudia Ruff

FACH- UND BERUFSPOLITIK
Treffen der Fachgruppe Kinder und Jugendliche
in der DGVT in Fulda
Katrin Russ & Elisabeth Jürgens

REZENSION
Beate Herpertz-Dahlmann, Franz Resch,
Michael Schulte-Markwart & Andreas Warnke:
Entwicklungspsychiatrie – Biopsychologische
Grundlagen und die Entwicklung psychischer
Störungen
Kurt Quaschner

BRIEFE/DISKUSSION
Anmerkungen zur »Super Nanny«
Elisabeth Jürgens

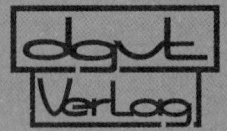

dgvt Verlag

Michael Borg-Laufs (Hrsg.)
Lehrbuch der Verhaltenstherapie mit Kindern und Jugendlichen

2 Bände

Band I:
Grundlagen
632 Seiten, EUR 39,–
ISBN 3-87159-024-X

Band II:
Interventions-methoden
848 Seiten, EUR 49,–
ISBN 3-87159-025-8

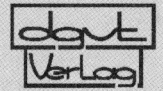

Der erste Band dieses Lehrbuches bietet die Grundlagenkenntnisse, die Kinder- und JugendlichentherapeutInnen für ihre Arbeit in verschiedenen Kontexten und mit unterschiedlichen Patientengruppen benötigen. Dabei werden nicht nur die wissenschaftlichen Grundlagen und der therapeutische Prozess in den verschiedenen therapeutischen Settings beschrieben, sondern auch die gesellschaftlichen Rahmenbedingungen sowie geschlechtsspezifische und kulturelle Aspekte berücksichtigt.

Das Lehrbuch bietet im zweiten Band empirisch fundierte und praxisnahe Schilderungen aller in der Verhaltenstherapie mit Kindern und Jugendlichen wichtigen diagnostischen Methoden und Interventionsverfahren. Die Beiträge behandeln die vorgestellten Methoden mit den folgenden Schwerpunkten:
- theoretische Grundlagen
- Indikationen und Kontraindikationen
- anschauliche Beschreibung des Vorgehens mit Fallbeispielen
- Effektivität und mögliche Nebenwirkungen

Darüber hinaus wird im Sinne der Allgemeinen Psychotherapie in wegweisenden Beiträgen die Möglichkeit der Kombination von Verhaltenstherapie mit anderen Therapieschulen praxisnah erörtert.

Das zweibändige Werk ist konsequent störungsübergreifend konzipiert. Die einzelnen Methoden werden so ausführlich und nachvollziehbar dargestellt, dass auch nicht verhaltenstherapeutisch ausgebildete Kolleginnen und Kollegen sie in ihr Handlungsrepertoire übernehmen können.

Ein Standardwerk für die therapeutische Praxis und Ausbildung in der Kinder- und Jugendlichenpsychotherapie.

Die KiJu-Reihe im dgvt-Verlag:
Psychologie und Psychotherapie im Kinder- und Jugendalter

Hans-Peter Michels &
Michael Borg-Laufs (Hrsg.)
Schwierige Zeiten
Beiträge zur Psychotherapie mit Jugendlichen

Praxiserfahrene AutorInnen beschreiben grundlegende Konzepte der Arbeit mit Jugendlichen und zeigen auf, welche Besonderheiten bei der Therapie mit Jugendlichen zu beachten sind.

KiJu Band 1
2003, 272 Seiten
EUR 19,80
ISBN 3-87159-901-8

Bodo Klemenz
Ressourcenorientierte Diagnostik und Intervention bei Kindern und Jugendlichen

Das Buch zeigt die positiven Möglichkeiten und Bedingungen von Kindern und Jugendlichen im diagnostisch-therapeutischen Prozess und gibt eine grundlegende Einführung in die ressourcenorientierte Diagnostik und Intervention bei Kindern und Jugendlichen.

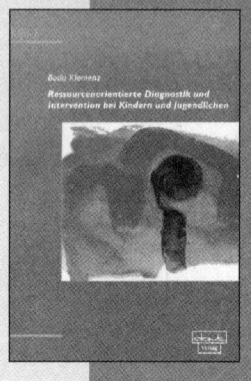

KiJu Band 2
2003, 368 Seiten
EUR 24,80
ISBN 3-87159-902-6

Peter F. Immisch
Bindungsorientierte Verhaltenstherapie
Behandlung der Veränderungsresistenz bei Kindern und Jugendlichen

Das Buch erklärt die Entstehung der Veränderungsresistenz nach neuen Erkenntnissen der Bindungs- und Hirnforschung und geht den Voraussetzungen nach, die erforderlich sind, um die Korrektur der negativen Auswirkungen der frühen belastenden Erfahrung durch bindungsorientiertes verhaltenstherapeutisches Vorgehen zu ermöglichen.

KiJu Band 3
2004, 152 Seiten
EUR 14,80
ISBN 3-87159-903-4

Gerald Ullrich
unter Mitarbeit von Jörg Gronholz & Norbert Rückert
Arbeitsplatz Kinderklinik
Ergebnisse einer Befragung des pädagogischen und psychosozialen Personals in deutschen Universitätskinderkliniken

Der Band dokumentiert und reflektiert die nach wie vor aktuellen Ergebnisse einer Anfang der 90er Jahre an deutschen Universitätskinderkliniken durchgeführten Umfrage zur Berufssituation und persönlichen Einschätzung von Schwierigkeiten der Arbeit im medizinisch dominierten Kontext.

KiJu Band 4
2004, 188 Seiten
EUR 16,80
ISBN 3-87159-904-2

Hans-Peter Michels & Rita Dittrich (Hrsg.)
Auf dem Weg zu einer allgemeinen Kinder- und Jugendlichenpsychotherapie
Eine diskursive Annäherung

In diesem Band zeigen Experten verschiedener Therapierichtungen auf, welche Anteile ihres Ansatzes es verdienen, in eine Allgemeine Kinder- und Jugendlichenpsychotherapie überführt zu werden.

KiJu Band 5
2004, 200 Seiten
EUR 17,80
ISBN 3-87159-905-0